ParentShift: Ten Universal Truths That Will Change the Way You Raise Your Kids

[美] 琳达·哈特菲尔德 Linda Hatfield　[美] 泰·哈特菲尔德 Ty Hatfield　[美] 温迪·托马斯·罗素 Wendy Thomas Russell　著

你是孩子
最好的朋友

▲ 十个真相改变你的育儿方式 ▲

中国青年出版社 CHINA YOUTH PRESS　中青文传媒

图书在版编目（CIP）数据

你是孩子最好的朋友：十个真相改变你的育儿方式 / （美）琳达·哈特菲尔德，（美）泰·哈特菲尔德，（美）温迪·托马斯·罗素著；张玉硕译.

—北京：中国青年出版社，2022.3

书名原文：ParentShift: Ten Universal Truths That Will Change the Way You Raise Your Kids

ISBN 978-7-5153-6455-1

Ⅰ.①你… Ⅱ.①琳… ②泰… ③温… ④张… Ⅲ.①家庭教育 Ⅳ.①G78

中国版本图书馆CIP数据核字（2021）第229806号

你是孩子最好的朋友：
十个真相改变你的育儿方式

作　　者：〔美〕琳达·哈特菲尔德　泰·哈特菲尔德　温迪·托马斯·罗素

译　　者：张玉硕

策划编辑：翟平华

责任编辑：胡莉萍

美术编辑：佟雪莹

出　　版：中国青年出版社

发　　行：北京中青文文化传媒有限公司

电　　话：010-65511270 / 65516873

公司网址：www.cyb.com.cn

购书网址：zqwts.tmall.com

印　　刷：大厂回族自治县益利印刷有限公司

版　　次：2022年3月第1版

印　　次：2022年3月第1次印刷

开　　本：787×1092　1/16

字　　数：240千字

印　　张：18.5

京权图字：01-2019-7405

书　　号：ISBN 978-7-5153-6455-1

定　　价：59.00元

PARENTSHIFT: TEN UNIVERSAL TRUTHS THAT WILL CHANGE
THE WAY YOU RAISE YOUR KIDS

目 录

任何时候改变育儿方式都不晚

20年前，我见过泰·哈特菲尔德，他当时是名警察，而我那时还是个记者，负责加利福尼亚州长滩市司法条线的报道。从新闻发布会上的表现来看，泰气质温和，为人体贴，他擅长和未成年人打交道，对待未成年人有非同一般的耐心与同理心。我还记得自己当时想，他真的很优秀。

6年后，我初为人母，泰邀请我参加他和妻子开办的一个育儿班，我礼貌地拒绝了。在我的世界里，"育儿课"这个词之后紧接着就是"法庭命令"。我知道自己并不完美，但也不认为自己是一个糟糕的家长，更不会认为自己是个因犯罪而被送上法庭的家长。

几年后，我女儿玛克辛3岁，这时泰又邀请我们去上育儿课。我告诉泰我会考虑的，随后就将其弃之脑后。我确信爱人查理和我能应付得来，而且我们打心底认为绝大多数的育儿课，只有那些问题家长才需要。

接着，意想不到的事情发生了。玛克辛快到5岁的时候，我开始注意到，此前我们一直使用的一些比较有用的惩戒方法——严厉警告、坚持己见、提高嗓门、暂停活动、拿走玩具等，都失效了。之前我们以为孩子发脾气只是小儿科，现在却变得越发频繁，更加猛烈。我不像以前那样热衷于陪孩子了，爱人和我似乎也经常在一些基本问题上存在分歧，比如：面对她的崩溃，该怎么办？不该怎么办？什么是"互相消耗"，什么不是？有一天，我在厨房里，听见玛克辛在卧室里盯着一堆芭比娃娃哭号，原因是她拒绝遵守之前玩4分钟的约定，于是我从她身边拿走了娃娃。我开始感到焦虑，"这真的是为人父母该有的样子吗"？我有些怀疑，"我是不是哪些方面没做好"？

这时，我给泰打了通电话。

"我们准备好去上育儿课了。"我告诉他。

一般而言，除非人们对其信仰或行为感到不满，否则不会改变，我已经到了"不满"这个地步。

"希望我们能学到一些新方法。"我告诉丈夫查理。

如今回想第一天上课的情景，我还无法解释泰和琳达在我脑海中引起的巨大冲击，如烟花般绚烂多姿，我的这种兴奋持续了数小时，几周，甚至很多年，延续至今。

我在课堂上发现了一种以科学、研究和事实为支撑的全新育儿方法。我和其他几位家长——没有一位是心肠冷酷的罪犯——一起坐在那里，突然有了宏观的认识，一切是如何组合在一起的。琳达和泰提供的不仅是一些工具，而是一个全新的工具箱，里面的工具码得整整齐齐，非常全面、周到，几乎可以确保我解决所有问题。

哈特菲尔德夫妇毕生都在探索成功抚养孩子的基本要诀。泰是一名警察，又是一位父亲；琳达是一位小学老师，也是位母亲。1999年，他们成立了一家"以心为本育儿"公司，并引领数百名父母度过了家里最困难的时期。他们从我们这个时代最伟大的育儿专家的工作和智慧那里汲取灵感，精心构建起知识框架和建议体系，其中有不少育儿专家，你都能在这本书中看到。

不过，需要明确的是，哈特菲尔德夫妇的使命不是打造一条全新的道路，这条新的道路已经辟就，只是需要把我们知道的东西翻译出来，让人们相信，并以一种现代父母容易理解的方式将其包装，之后迅速运用到他们的生活中。除非让他们看见这条路，并让他们认为这条路可行，否则仍然没多少人会选择这条路。

我们都知道，哈特菲尔德夫妇也清楚，养育孩子可能一片混乱。他们明白，每个孩子都是独一无二的，最适合一个孩子的方式未必适用于另一个孩子。哈特菲尔德夫妇养育了3个女儿，因此他们很清楚，父母的教育理念只有与相应的技能配合使用时，才有价值。

"告诉父母不做什么是没用的，"琳达说，"你要告诉他们具体该做什么，他们需要实时看到真正的进展。"

这正是哈特菲尔德夫妇所擅长的。

你知道某些重大事件是如何成为生活中分水岭的吗？"在此之前"与"在此之后"的分界线？比如结婚前与结婚后，生孩子前与生孩子后。对我而言，参加育儿班是一个分界线，参加之前，与参加之后。

在上了18个小时的课之后，我不再满足于那种令人沮丧的旧育儿模式，这种模式基于无数被我信以为真的育儿迷思，我接触到一种崭新的育儿风格，哈特菲尔德称之为"以心为本"。这种转变——我个人育儿方式的转变，或者你个人育儿方式的转变——创造了奇迹。

在这本书中，你将像我一样学习如何：

● 在不使用惩罚、奖励、威胁或贿赂的情况下解决孩子的任何行为问题——并且很有成就感。

● 根据孩子的年龄设定限制，并严格执行。

● 反思在家庭最不愉快的时刻孩子和自己的大脑里发生了什么，并在不伤害亲子关系的情况下继续相处。

● 尽量减少兄弟姐妹之间的竞争和争吵，为孩子之间深厚持久的友谊打下基础。

● 培养一种健康、有持续性的育儿理念，帮你度过孩子的幼儿期、儿童期、高中阶段以及以后的日子。

● 让你镇定且自信地看待自己的育儿方式，并一以贯之。

● 让你和另一半就育儿问题达成共识。

● 辨识出孩子独特的气质和成长阶段发生的事会如何影响他的行为，并找到与这种天性互为补充的方法，而非与之抗争。

● 理解做一个好父母与做一个好人如何保持一致，以及改进育儿方式会怎样改善你的生活。

● 让孩子做好迎接生活挑战的准备，加深亲子关系，维护孩子的自尊等。

什么时候改变育儿方式都不晚，我们强烈推荐你和伴侣、父母甚至朋友一起来读这本书。书中涉及很多容易展开的话题，而"改变育儿任务"板块则为大家提供机会来反思自己的成长，观察育儿方式，并把新原则付诸实践。

最后，尽管本书是以我的身份写出来的，但智慧和建议都直接来自哈特菲尔德夫妇，他们非常慷慨地与我分享，我毕生有幸，能和他们在同一战壕中，并肩作战，并把他们的育儿方法传递给大家。

温迪·托马斯·罗素

第一章

超越奖惩

20世纪初期，一位名叫阿尔弗雷德·阿德勒（Alfred Adler）的奥地利医生和心理治疗师提出假设：人格障碍、犯罪行为、高离婚率等成人时期的痛苦可以直接追溯到童年经历。

他的理论是，孩子的情感需求——他们对接纳、尊重和认为自己很重要的需求——与生理需求一样重要，但却时常被父母的纵容和惩罚所削弱。他说，当孩子们哭闹、攻击、退缩、拒绝合作、违反规则或参与权力斗争时，他们并不是在试图挑衅、自私自利或没有教养，只是他们合理的情感需求被忽视了。由于不够成熟，不会说话，或缺乏有效沟通的技能，他们诉诸自己所拥有的最有效的沟通模式，通过一些"行为"来表达内心的不满。

阿德勒表示，父母要做的不是对孩子行为本身作出反应，而是对行为背后的需求和感受作出反应。

阿德勒的学说影响深远，有一整个心理学分支都以此命名——阿德勒派，而他的学生鲁道夫·德瑞克斯（Rudolf Dreikurs），将阿德勒的学说发扬光大。德瑞克斯是一名精神病学家和教育家，他的著作启发了全球数百个育儿教育项目。德瑞克斯对阿德勒的研究进行了扩展，开发了一整套技巧体系，使父母能够遵循阿德勒的原则。

在这一过程中，德瑞克斯成为首批放下惩罚和奖励的权威之一，德瑞克斯认为惩罚——或被人们今天委婉称为的"后果"——和奖励都是无效的、不尊重孩子的，而且对亲子关系造成了严重损害。

惩罚：针对孩子不可接受的行为而施加的处罚，通常是为了改变其将来的

行为。常见的惩罚包括让孩子暂停活动、取消特权、没收玩具、停掉零花钱、强加额外的家务、威胁、羞辱、吼叫、严厉管教和打屁股。

奖励：为了强化父母对孩子表现出的期望行为而给予的奖励。常见的奖励包括贴纸、零食、玩具、额外的看电视时间、郊游、表扬和特殊待遇。

德瑞克斯认为，这两种方式都不太可能促进合作，或给孩子带来健康的心理，因为这两种方式都建立在一种轻视儿童情感需求的控制体系上。他说，惩罚——尤其是完全集中在孩子外在行为上的惩罚——非但不能，而且抑制了信息传递。结果，往往孩子们比以前更加沮丧。

"教育孩子的正确方法，"德瑞克斯写道，"与正确对待他人的方法一样。"潜台词是：如果你不惩罚你的朋友，那么也不要惩罚你的孩子。

这样的观点当时独树一帜。但阿德勒和德瑞克斯所拥护的核心论点经受住了时间的考验。在20世纪，无数的研究，以及通过现代技术收集的科学数据，进一步证实了儿童未得到满足的情感需求与短期行为挑战及长期心理健康问题的关系。

在诸多育儿策略中，惩罚和奖励是非常普遍的两种方法。事实证明，它们与孩子的需求背道而驰，导致孩子表现更差，更不愿意合作。具有讽刺意味的是，这种"更糟糕"的行为会导致父母更频繁、强烈地采用无效的策略，他们相信问题出在孩子身上，而实际上问题出在父母的教育方式上。这种恶性循环可能会破坏父母的希望、梦想和目标，与此同时，另一种育儿方式——一种承诺让疲惫不堪的父母得到喘息，让孩子拥有更光明未来的育儿方式——呼之欲出。

被忽略的事实

当泰、琳达和我初为人父母时，从未听说过阿尔弗雷德·阿德勒或鲁道夫·德瑞克斯，也没读过本书中接下来出现的那些卓越育儿作家或专家的作品，譬如多萝西·沃尔特·巴鲁克（Dorothy Walter Baruch）、多萝西·考克勒·布里格斯（Dorothy Corkille Briggs）、阿尔菲·科恩（Alfie Kohn）或丹尼尔·J. 西格尔（Daniel J. Siegel）。即使读过一些，也很容易忽略大局：世界上大多数最负盛名的专家对养育孩子并没有独特清晰的观点。事实上，除了少数例外，他们几乎都信奉同样的观点——即使视角有所不同。

我们认为自己既然身为父母，就有资格做父母，却没有想到，有时候凭直觉行事可能就像跟着不准的罗盘行动，没有意识到在成为优秀的父母之前，还有很多内容要好好学习。

不过，令人欣慰的是，包括伟大的罗杰斯先生在内的这些老师与专家，都有着相同的哲学思想。他们贡献了原创研究，并根据自己独特的专业知识扩展了主题。他们都支持同一种抚养孩子的"方式"——我们称之为"以心为本"的方式。

金发姑娘原则①和3种育儿方式

大多数儿童成长教育工作者认识到主要有3种育儿方式：一是家长为孩子设定不切实际的过高期望，并给予很低的情感支持（控制）；二是父母设置低期望值，并提供很高却不健康的情感支持（纵容）；三是父母设定合理的高期望，并提供较高的、健康的情感支持（以心为本）。

虽然这3种育儿方式有诸多显著差异——我们将在下一章更深入地探讨每一种——但最重要的一点是，只有以心为本的育儿方式能够以"双赢"的方式解决问题，在其他两种模式中，总有一方的声音盖过了另一方。

---

① 迷路了的金发姑娘未经允许就进入了熊的房子，她尝了三只碗里的粥，试了三把椅子，又在三张床上躺了躺，最后决定小碗里的粥最可口，小椅子坐着最舒服，小床上躺着最惬意，因为那是最适合她的，不大不小刚刚好。金发姑娘选择事物的原则就叫Goldilocks principle（金发姑娘原则）。"金发姑娘原则"指出，凡事都必须有度，而不能超越极限。按照这一原则行事产生的效应就称为"金发姑娘效应"。

三种育儿方式

	控制型 "太严厉"	纵容型 "太温和"	以心为本型 "刚刚好"
父母的角色/态度	控制 （父母发号施令）	纵容 （父母妥协）	指导/鼓励 （父母提供选择）
期望	不合理水平的高	低	合理水平的高
情感支持	低	高/不健康	高/健康
解决问题	父母赢，孩子输	孩子赢，父母输	父母赢，孩子赢

所谓"双赢"，是指父母和孩子达成合作协议，让双方都感到高兴。这并不等同于妥协，因为在妥协中，每一方都做出让步或放弃了一些东西，未必每个人都感到高兴。要达成双赢，需要更长时间，但这是非常值得付出努力的。

我们来举个例子，一位父亲叫儿子把垃圾拿出去，而正在看电视的儿子说："不去！"

在控制型亲子关系中，父亲会说："现在就去，否则我就不带你去踢球。"迫使孩子把垃圾带出去，孩子从了（孩子失败，父亲胜利）。

在纵容型亲子关系中，父亲会说："天啊，好吧。"然后自己把垃圾扔出去，孩子继续看电视（孩子胜利，父亲失败）。

在以心为本型亲子关系中，爸爸停顿了一下，深呼吸几口，等到电视广告时间，说："看来你不喜欢我在你看电视的时候让你倒垃圾，可能这会儿你不想倒，你什么时候想倒垃圾？"经过短暂的反复讨论，孩子同意看完电视后马上把垃圾倒出去（孩子赢了，因为他可以继续看电视；爸爸赢了，因为儿子把垃圾拿出去了）。

对一些人而言，第3种情况肯定看起来像痴人说梦，无异于天上掉馅饼。在哈特菲尔德以心为本的育儿课程中，家长们经常提出两种观点。首先，有时贿赂、奖励、威胁和惩罚是必要的，这样可以促使孩子去做需要做的事情。其次，允许孩子拒绝我们的要求和需求。我们越不那么"践踏"孩子的感受，作为父母的效率就越低。

这两种观点都可以理解。我们许多人从小就成长在这样的环境中，相信有效的育儿手段要求我们时不时地凌驾于孩子之上，孩子对我们的尊重取决于我们保持优势的能力。

但当我们有勇气摒弃这种迷思，接受不同的观点时，会发生什么呢？当我们承认自己对孩子的影响只取决于彼此之间的关系时，会发生什么？压制孩子，关系就会受损。像和值得信赖的同事一起工作一样，和孩子一起，亲子关系就会健康发展。

这种双赢的方式构成了"以心为本"的育儿模式基础。在这种模式下，父母受到尊重，孩子也受到尊重，双方就一些限制达成了共识，且考虑到了孩子的情感需求，并将其置于优先地位。

在课堂上，泰和琳达发现，那些最初认为以心为本式育儿不现实甚至不喜欢这种方式的家长，很快就会意识到自己的想法并无逻辑和根据，而是源于恐惧。一旦敞开心扉，他们就会发现自己比想象中更了解孩子。他们突然明白了为什么有些策略能给他们带来如此持久的成功，并为自己在某些领域的天赋而喜不自胜。与此同时，他们会看到哪里还有改进的空间，以及为什么有些策略总是让事情变得更糟。

通过展示这一宏大图景，我们希望向你们展示，为人父母不必是一场猜谜游戏，不必是一场混战，也不必是通往不确定未来的疲惫之旅。

教养孩子需要吐故纳新

客观地说，在阿德勒和德瑞克斯之前的时代，人们对不同育儿模式如何影响孩子知之甚少，但现在情况有所不同。

如今，我们可以明确地说，两种旧育儿模式——控制型和纵容型——都对孩子有害，并会导致消极行为。父母对待孩子要有同理心，而不是强迫、操纵或恐吓他们。我们知道，相互尊重的沟通和合理的期望是幸福家庭的标志。我们知道，否认孩子的情感需求，往往会产生严重后果。我们知道，一个孩子，无论是6岁还是16岁，他与父母的关系质量，都是抵御外部世界残酷现实的护盾。而持续使用惩罚会损害亲子关系，损害孩子的自尊。

1965年，著名儿童心理学家海姆·吉诺特在其重要著作《亲子之间》中直言不讳地说："惩罚已经过时了。"诚然，我们今天在抚养孩子方面拥有的丰富知识是惊人的，也是令人鼓舞的。过去，父母只是简单地模仿他们父母所做的事情（或者来个180度转弯，做他们父母没做的事情），但如今情况有所不同，或者说可以有所不同。在最近一次采访中，我们询问了世界上最杰出的神经学家之一丹尼尔·西格尔博士，人类是否终于把养育孩子归结为一门科学。"哦，是的，"西格尔回答，"肯定。"

育儿的最好解决方案

通常，当人们听到不使用惩罚手段养育孩子时，就会说："好吧，但我们该怎么办？"这个问题提得不错，我们有答案——实际上有很多答案。最重要的是，以心为本的教育非常实用。我们并非向你提供模糊的信息，并期望你能神奇地将其应用到每天早上厨房里发生的事情上，事实恰恰相反。

改变育儿方案流程，我会在第三章中说到，这是个公式——一个由14个问题组成的问询，旨在引导你在不使用惩罚、威胁、奖励或贿赂的情况下，对有挑战性的行为作出反应，或者无需屈服于孩子的每一个突发奇想。设计改变育儿方案流程的初衷是让你了解是什么导致孩子做出具有挑战性的行为，这样你就可以在处理每个问题时找出最佳工具。

说实话，并非所有的问题都有完美的解决方案。有时孩子处于这样的年龄或成长阶段，必然会做出这种行为；有时孩子的天性气质是罪魁祸首。并非孩子所有恼人的行为都需要避免或"纠正"，但这并不意味着管教过程就不那么重要。

7岁以下的孩子会发脾气，不好好睡觉，兄弟姐妹间会拌嘴，孩子们会激怒你。但恐吓、羞辱或惩罚孩子只会让他们更频繁地发脾气，兄弟姐妹之间的争斗愈演愈烈，越发激怒你。

最好的解决方案在于保持平静，把怒吼声转变成海浪的波涛声，确信这一阶段终将过去。更重要的是，这个过程可以帮助你识别哪些是"典型的"行为，无需劳心劳力，哪些是需要干预的危险信号。最棒的是这一点：我们提供的每一个工具都保证能做到这6项重要的事情：

1. 加强与孩子的关系；

2. 保护孩子的自尊；

3. 减少亲子冲突的次数，削弱其严重程度；

4. 防止突然出现更严重的问题；

5. 让孩子做好迎接生活挑战的准备；

6. 让父母对自己的育儿方式有信心，并保持一致。

关于育儿的10个真相

请不要误解我们。在你所在的国家和文化里，在家庭里，成为对孩子而言很棒的父母有多种形式。你对儿女的限制和自由在很大程度上是由你的经验、价值观和环境决定的，适合其他家庭的可能未必适合你。尽管存在这些差异，尽管我们成为伟大父母的方式千差万别，但关于孩子行为存在某些真相——这些真理同样适用于所有孩子，无论他们的文化、种族、宗教、环境或经历怎么样。

这些真理中的每一条都非常重要，正如你将看到的，以心为本的父母是少数几个既承认这些真理又尊重这些真理的榜样之一。

1. 所有孩子都有情感需求；

2. 面对压力，所有孩子天生就有神经性反应；

3. 所有孩子都必须表达情感；

4. 所有孩子都会经历成长阶段；

5. 所有孩子都有与生俱来的天性气质；

6. 所有孩子都模仿他们的主要照顾者；

7. 所有孩子都需要机会来自己解决问题；

8. 所有孩子都需要尊重个人界限的照顾者；

9. 所有孩子都需要有与年龄相适应的限制；

10. 当需求未被满足时，所有孩子都要经历4重挫折。

惩罚是否真的有用

皮尤研究中心（Pew Research Center）发表的一项研究显示，大多数美国人在抚养孩子时都会使用某种惩罚。43%的父母经常拿走遥控器或手机，剥夺孩子看电视或打电话的特权；22%的父母经常提高嗓门或大喊大叫；当孩子不满6岁时，41%的父母会强制给孩子限定时间。

原因有很多。一些人认为这些策略十分必要（"孩子们需要引导，管得严格一些"）；有些人除了惩罚，不知道还该做什么（"好吧，我得做点什么，该死的"）；有些人自己就是受着惩罚长大的（"我有时会被打，但最后过得还不错"）；还有人受朋友和家人（包括作家和博客作者）的影响，他们发誓，对"不当行为"绝不宽恕，帮助孩子成为今天的伟人。简言之，正如案例中所言：惩罚可能不是理想的手段，但也没啥害处，而且确实有效。

有些人可能认为这些并不正确。

是的，所有的孩子都需要对其行为加以限制，这些限制必须被遵守，但惩罚并不等同于限制。惩罚会干扰和破坏我们与孩子的关系，使他们测试、反对、违反我们设定的限制。是的，没错，确实有些孩子经历了童年不断的惩罚或暗示的惩罚后会变得"很好"甚至"很伟大"，但这是因为这些孩子自己做得好，而与父母的行为无关。有些孩子天生比其他孩子适应力更强，不容易受到负面影响；有些孩子气质更适合他们父母的个性，使他们不太可能招致父母的反对或"需要"用威胁来激励他们。所有的孩子都或多或少地受到父母惩罚的影响，从外部看"很好"的东西，从里面看可能并不"很好"。

而且，与普遍的看法相反，惩罚永远不会起作用——无论如何，不会以真正重要的方式起作用。

对于一个家庭来说，"实现目标"算不上成功。毕竟，让孩子暂时服从不意味着他会变得更好，或者可以改善亲子关系。恰恰相反。许多有意义的研究已经证明，父母"严格"或"严厉"的孩子更容易小小年纪与父母情感疏远，对同伴群体产生畸形依恋，从事高风险活动，更倾向于取悦同伴而非家长。

幸运的是，对我们所有人来说，惩罚并非教育孩子唯一有效的方法。贯穿全书的以心为本的育儿方法也很有效。区别在于，以心为本的工具对父母和孩子都有效，无论是长期来看还是当下而言。换句话说，它们不仅起到了惩罚的作用，效果甚至更好。

以心为本的新育儿模型

"范式"是一种世界观或一套思想。日历系统是一个范式，沿路右侧开车也是，我们都按照无数种范式来运作，但其中大多数范式与其说是我们自己选的，不如说是别人为我们选的，基于别人教给我们关于世界的知识。然而，知识可以引导我们改变范式。这些转变不一定是痛苦的（从美国搬到英国的人很快就学会了如何沿道路左侧开车）。但它们必须有意为之，范式本身不会改变。

本书介绍的所有工具和技巧包括：

1. 显示双赢合作；
2. 加强与孩子的关系；
3. 用你希望别人对待你的方式对待孩子。

以不愿待在床上的孩子为例，拿走他的毯子是否意味着合作共赢？不是的，这满足了孩子的日程安排，压制了孩子的意愿。是否增进了亲子关系？没有，这让双方都对对方（也可能对自己）感觉更糟。如果父母难以入睡，会希望自己被孩子以这种方式对待吗？当然不会。

就此，你就可以判断这是旧范式。

"但这管用！" "我按照安排做了" 旧育儿范式	"而且这还管用" 以心为本的新育儿范式
● 损害关系	● 促进亲子关系
● 提倡权力斗争	● 防止权力斗争
● 剥夺孩子的权利	● 给孩子权利
● 依赖外部控制	● 依赖内部控制
● 鼓励顺从	● 鼓励孩子做最好的
● 降低孩子的自尊	● 增强孩子的自尊
● 不尊重孩子	● 尊重孩子
● 孩子感觉自己不被重视	● 考虑孩子的情感
● 孩子感觉自己不重要	● 让孩子感觉自己重要
● 孩子取悦权威人士	● 真诚地关心别人
● 关系脱节	● 感觉双方关系紧密
● 输赢心重	● 双赢精神

　　所以，对于拒绝睡觉的孩子，父母该怎么办？以心为本的父母会如何处理这种情况？简言之：视情况而定。这取决于很多只有父母知道的因素。这就是为什么这些速战速决、"一刀切"的战术往往无效。在决定答案前，我们必须先看到全局。

　　本书就是全局。

　　新育儿范式会比旧育儿范式难吗？也许，这需要更多的思考、反思和个人克制。但从长远来看，答案绝对是否定的。未来你会看到，随着孩子年龄的增长，前期在以心为本式育儿的所有投入中都会有回报，此外，在众人都以为会很艰难度过的青春期，其实也能轻松度过。可能这些现在看起来很不现实，但这很快就会成为过去时。

　　在这本书的最后，我们不仅希望你们采用这种富有意义且合适的全新育儿模式，而且希望你们已经开始享受其中的好处。

第二章

怀着明确目的去育儿

想象自己首次来到一个城市，走过了几个街区，沿着一段水泥台阶冒险进入地铁站。你找到一张地图，看了又看，各种颜色标识的轨道交通线路错综复杂，所有的车站都很陌生。一时间，整个城市在你面前模糊一团，你得找到方向。

你会怎么做？好吧，如果和我们大多数人一样，首先，你要找到那个确定自己位置的小标签（或者无处不在的红色 X），然后寻找能表明目的地的地标，只有起点和终点明确时，路线才能自动显示。

为人父母也是一次旅行，知道自己在哪里，想去哪里，这对你大有裨益。这就是本章的内容，接下来，我们将讨论如何到达。

你的目标是什么

退一步思考你正在培养的孩子，你会用什么词来形容"理想"的孩子？用下面这张表格核对一下。

我希望我的孩子

外向	友好	有爱心	自信
☐ 勇敢	☐ 有趣	☐ 有道德的	☐ 有自我意识的
☐ 镇定	☐ 慷慨	☐ 无偏见的	☐ 自我管理
☐ 能干	☐ 绅士	☐ 开放的	☐ 自给自足的
☐ 有爱心	☐ 乐于给予	☐ 充满激情的	☐ 能自主做决定
☐ 和兄弟姐妹友爱	☐ 感恩	☐ 有耐心的	☐ 情绪稳定
☐ 富有同情心	☐ 快乐	☐ 积极的	☐ 财务稳健
☐ 自信	☐ 工作努力	☐ 放松的	☐ 强壮的
☐ 富有创造力	☐ 健康	☐ 有弹性的	☐ 能够提供支持的
☐ 能思考	☐ 乐于助人	☐ 能抵抗同辈人的压力	☐ 值得信赖的
☐ 纪律性强	☐ 自尊心强	☐ 受人尊敬的	☐ 温暖的
☐ 好学	☐ 诚实	☐ 尊重人的	☐ 全面发展的
☐ 有同理心	☐ 谦卑	☐ 负责任的	☐ 愿意道歉的
☐ 有道德	☐ 独立	☐ 安全的	☐ 明智的
☐ 公平	☐ 友好	☐ 灵活	☐ 以上所有特质

　　这个列表难称详尽，但却包含了人们所重视的诸多特质，这些结果都与以心为本式育儿有关。然而，仔细观察，你可能会发现清单上有一些明显的疏漏。

　　清单上缺少了成功、受欢迎、富有和成名的特质，缺少了与成就、性别规范和外貌相关的形容词。因为这些特质要么是自然形成的，要么是孩子们自己决定的。

　　以下是表中没有列出的一些特征：

主要特征

体格健壮	忠于家庭传统	尊重等级制度
● 漂亮的	● 忠于父母的宗教/精神信仰	● 穿着得体
● 符合性别特征的	● 有男子气概（男孩）	● 聪明/有天赋
● 异性恋	● 听话	● 瘦（女孩）
● 成就高	● 漂亮（女孩）	● 坚强（男孩）
● 对特定的职业感兴趣	● 安静	● 不情绪化

当然，喜欢孩子安静待着，穿着得体时尚，或者希望其对家庭精神传统保持忠诚，这些都无可厚非。如果你家孩子也看重这些，那这很棒！但要格外小心，重视这些特质往往与控制型育儿模式相关，这可能会导致孩子失去自信，压力更大。此外，如果孩子的品位和兴趣不符合你的期望，可能会造成孩子失败。

幸运的是，别人可能无需说服你把善良看得比受欢迎更重要，把感恩看得比美丽更重要，或把批判性思维看得比服从更重要。至少在理论上，这些都显而易见。尽管如此，重要的是要预先知道，我们并非偶然把这些重要特征从以心为本的育儿目标列表中删除的。我们有意把这些特征从列表中去掉，这非常重要。

关于自尊的几个误区

当我们谈到希望孩子如何如何时，暂且把你们的注意力转移到自尊这一非常重要的议题上。

尽管你可能听说过，高自尊——也就是一个积极的自我形象——与健康、幸福和相亲相爱的关系有关。自尊心强的人"更容易对生活感到满意，不那么抑郁，而且更乐观"。即使是在困难的时候，他们也更容易坚持完成任务。当他们知道自己的努力是徒劳时，就会停止努力，且更容易恢复活力，这样失败就不会那么令人沮丧了。

另外，自卑与大量不健康行为有关。抑郁、焦虑和精神病都是自卑的近义词，就像成瘾、缺乏同理心、不会设定界限、欺骗、撒谎，以及把自己的错误和弱点归咎于他人一样。简言之，所有人都因高自尊而成长，因自卑而痛苦。

然而，在过去的几十年里，这个简单的事实却已经饱受质疑，面目全非。事实上，相当多的人——包括许多医生和心理学家在内——仍然相信自尊可能"太高"，认为"给每个孩子一个奖杯"，从而阻止他们经历失败，已经败坏了整整一代孩子的性格。

有些人把千禧一代——20世纪80年代至千禧年初出生的一代人——当作自尊失控的例子。不管公平与否，很多千禧一代都被贴上了自以为是、忘恩负义和懒惰的标签。他们告诉我们，这是自我感觉"太好"的直接结果。

"如果一个孩子即使无所事事也感觉很好，为什么还要做事呢？"心理学家吉恩·M. 特文格（Jean M. Twenge）说，"没有基础的自尊只会助长懒惰，而不会让他们努力工作。"

这充其量只是误导。

数十年的研究表明，自尊心强的孩子，无论他们成就如何，都更有可能坚持完成困难的任务，也更容易认识到何种坚持会一无所获。换言之，他们不需要觉得自己什么都擅长，他们知道自己有些不擅长。他们更多地，而非更少地接触到其个人局限性，并接受这些局限性。

心理治疗创始人之一、著名心理学家卡尔·罗杰斯（Carl Rogers）曾说："我们如何看待自己，如何感受自我价值，对心理健康及实现人生目标和抱负都至关重要。"

在这个国家，自恋、自负和自以为是的现象正在增多，但它们并不是不劳而获的高自尊的结果。事实上，它们与高自尊一点关系都没有。尽管看起来似乎不太可能，但自负只是低自尊的伪装。

"自尊的概念并不复杂，"教师、心理学家、作家多萝西·考克勒·布里格斯说，"自负不过是对自卑的一种粉饰。有了高度的自尊，你就不会浪费时间和精力去给别人留下深刻的印象，你知道自己是有价值的。"

你想解决什么问题

既然已经考虑了长期目标，让我们明确一下你的短期目标。是什么促使你读这本书的？你在想什么？

检查自己符合以下列表中的哪些项目：

☐ 我正经历与孩子之间的权力斗争。

☐ 我不明白为什么孩子有时表现不好。

☐ 有时我会和孩子有冲突，不知道如何解决。

☐ 当和孩子发生冲突时，我有时感觉自己失去了控制，会变得愤怒或情绪化，说一些我并不想说的话。

☐ 孩子们有时会发生冲突，我不知道该如何解决。

☐ 我和伴侣/配偶在如何应对孩子的挑战性行为上存在分歧。我依赖贿赂、奖励、威胁和惩罚——比如暂停活动、拿走东西、提高嗓门等——因为我不知道还能做什么。

☐ 我对自己所使用的育儿技巧不满意。

☐ 我很确定自己有童年包袱，但我不确定这些包袱是如何在我的育儿方式上体现的，也不知道如何确保这些不延续到孩子身上。

☐ 事实上，我认为自己是一个很好的父母，但我总是在寻找新的策略和技巧，让家庭生活更顺利、更快乐、更安宁。

即使你只选了其中一个，恭喜你！你来对地方了。我们已经为你做好了准备。

改变育儿任务：聊一聊具体问题

回想过去一周或一个月里你和孩子之间发生的冲突，如果有的话，用文字写下你希望改变的。

你是哪种类型的父母

我们已经讨论了你想要实现的目标，以及你想培养什么样的人，让我们来谈谈你现在的情况。就这本书的目的而言，你的"起点"就是目前你在我们"育儿范围"中的位置。

请仔细阅读我们对这3种模式的描述，并试着找出以下几点：

（1）你认为自己在其中所处的位置。

（2）你认为配偶/共同养育者所处的位置。

（3）你认为在你成长过程中自己父母所处的位置。

记住，我们大多数人都不是严格意义上的控制型、纵容型或以心为本型。基于心情和特定的情况，我们都倾向于接近于某些类型。我们中的一些人像钟摆一样从一端摆动到另一端。但大多数人因为成长经历，至少在一定程度上会向一端或另一端倾斜。

紧张结节

行为挑战有多种形式和强度，心理理疗师劳伦斯·科恩将其称为"紧张结节"，并表示紧张结节往往会导致某些情绪高度紧张的体验，例如：

- 按时睡觉
- 做家务
- 失望
- 看医生
- 朋友

- 放弃安抚奶嘴
- 游戏失败
- 吃饭
- 吃药
- 练习音乐

- 规则
- 上学
- 分离
- 兄弟姐妹
- 过渡

2017年，我们向大约500名年龄在2岁至18岁之间孩子的父母分发了一份非正式调查，发现科恩的清单上又多了几个"紧张结节"，包括：

- 电子产品
- 凌乱
- 家庭作业
- 每天早上要做的事

科恩还研究了父母的哪些反应"加强"了这些紧张感，他说了以下内容：

- 试图控制
- 惩罚
- 避免问题
- 责骂、大喊、威胁
- 被迫服从
- 暂停
- 让步然后又怨恨
- 试图"教训孩子"
- 给孩子贴上"坏"的标签
- 收回爱

我们在以后章节中涉及的所有事情都是为了松开这个结：

- 避免权力斗争
- 玩耍
- 批判性地评估我们自己的行为
- 重新联系
- 做意料之外的事
- 释放情感
- 笑
- 无条件的爱
- 一对一时间

1. 控制型育儿

控制型是其中一个极端，与许多人所说的"专制"类似。在这种模式下，父母制定规则，孩子们遵循规则。父母对孩子有很高的期望——期望往往太高，以至于孩子永远感觉自己"不够好"。与此同时，这些父母对情绪爆发的容忍度很低，尤其是当他们认为这种情绪爆发毫无根据、不合逻辑或被夸大了时。

控制型父母往往严格设定限制，惯于发号施令，比如"去刷牙"和"收拾你的烂摊子"；而不是为孩子提供信息，让他们自己去做，比如"距离睡觉时间还有15分钟"和"你把一些东西落在桌子上了"。他们用惩罚、内疚、羞辱和威胁来激励孩子做"正确的事"。

他们还使用贿赂和奖励。一些家长可能会惊讶地发现，虽然相对于惩罚和威胁而言，贿赂和奖励看似不错，却往往令其位于控制型一端。但作家阿尔菲·科恩表示，通过让孩子感觉"好"来控制和操纵他们，与通过让他们感觉"坏"来控制和操纵他们并没有什么不同，这都是外在的动机。

控制型父母的典型表现

控制技巧：

- 贿赂
- 将孩子与兄弟姐妹和其他人进行比较
- 要求、命令
- 外部动机
- 内疚感
- 直升机（细致监控管理孩子的生活和人际关系）
- 扮演殉道者（让孩子对你的牺牲/痛苦感到内疚）
- 强迫孩子拥抱或表露爱意
- 惩罚或威胁要加以惩罚
- 拯救（介入解决孩子们的问题）
- 奖励/行为特征

典型控制语言：

- "在我这儿，就要听我的。"
- "因为我是这么说的。"
- "我刚才说什么来着？"
- "不要顶嘴。"
- "我说现在就做！"
- "向你弟弟道歉。"
- "我要告诉你多少次？"
- "如果你××，我就××。"

> - "如果你爱我，你就不会那么做。"
> - "你会后悔的。"
>
> 在控制环境中成长的孩子，长大后可能会自然而然地采取控制型风格，或者会突然转变，采取纵容型。

外在动机：从外部奖励（如金钱、名望、成绩或表扬）中产生的行动力，这种动机来自人的外部。

经常得到奖励的孩子会养成一种"对我有什么好处"的态度，养成为了得到奖励而表演的习惯，这让他们开始向他人寻求成就感。在严重依赖奖励制度或星星小红花奖励体系的家庭中长大的孩子往往会在成长过程中失去一些自律。正如科恩在《无条件养育》一书中所说："奖励和惩罚是一枚硬币的两面，而这枚硬币买不到多少东西。"

底线：父母赢，孩子输。

极端的育儿方式会导致极端的问题，并且经常会破坏婚姻幸福

尽管我们中的许多人发现自己不时处于控制或纵容的极端，但我们中很少有人是真正的极端分子。例如，即使我们有点控制欲，也从未像《音乐之声》中的冯·特普拉上尉那样用哨子叫孩子们吃饭。

更常见的情况是，正如临床心理学家托马斯·戈登所说的那样：父母一方倾向于纵容，另一方倾向于控制。或者当孩子还小的时候，他们双方都会更加纵容，然后随着孩子年龄的增长，他们会逐渐转向控制。

有些时候，令年长的兄弟姐妹懊恼的是，父母刚开始会控制孩子，之后随着年幼孩子的出生，他们会转向纵容，希望这样会效果更好。当然，我们中也有人在一天内从一种方法转到另一种方法。

一位家长告诉戈登："我对孩子们很宽容，直到受不了他们，然后我又变得非常专制，直到无法忍受自己。"

"正面管教"项目的创始人简·尼尔森（Jane Nelsen）曾经观察到，持相反观点的父母往往会在自己更倾向的方向上更极端一些，从而来"抵消"另一半父母的观点。宽容的父母认为，他或她需要更宽容一点，以弥补严厉刻薄一方的父母。严厉的父母认为，他或她需要更严格一点，以弥补优柔寡断的宽容一方的父母。所以，他们之间的分歧越来越大，经常为孰是孰非而斗争。事实上，这些都不管用。

2. 纵容型育儿

纵容型父母是另一种类型的父母。在这种育儿模式下，家长对孩子的限制比较宽松，常常设置得很低，结果看到孩子一次又一次打破限制。

纵容型父母对孩子的行为或能力的期望较低，所以较少过问。此外，他们拯救孩子于危难之中，过度溺爱，纵容孩子，同情或怜悯孩子，而不是鼓励孩子解决问题，让他有信心克服与年龄相符的逆境。纵容型父母往往不想成为孩子愤怒的对象，他们会蹑手蹑脚地绕过孩子，在他们真正想说"不"的时候说"是"。

纵容型父母往往会原谅孩子的不当行为，或者一笑置之，他们允许孩子不尊重他人和财产。当与孩子发生冲突时，他们往往会屈服，他们对自由没有概念，也不会设定界限。更糟糕的是，健康和安全的限制——比如睡觉时间、使用电子设备或佩戴自行车头盔——没有得到支持。父母给予孩子很多自由，并允许孩子发号施令，即使孩子已经跨越了父母的个人界限。

纵容型父母的典型表现

首选策略：

- 贿赂

- 相互依赖/陷入困境

- 过度提醒却不执行

- 外部动机
- 内疚感
- 直升机（全方位管理孩子的生活和关系）
- 扮演殉道者（让孩子对你的牺牲/痛苦感到内疚）
- 过度为孩子做他自己能做的事
- 怜悯
- 表扬
- 救助（介入解决孩子的问题）
- 奖励

典型话语：

- "我只想让你快乐。"
- "可怜的孩子。"
- "我能做些什么来帮你解决这个问题？"
- "让我们假装我没有看到。"
- "你不会做，让我来。"
- "做任何你想做的事。"

底线：孩子赢，父母输。

在宽松环境中长大的孩子可能会自然而然地采取纵容型育儿方式，也可能会急转直下，变得控制欲很强。

3. 以心为本型育儿

处于控制型和纵容型父母之间黄金分割位置上的正是以心为本型父母（你猜对了）。然而，这不是其他两种风格的组合，而是完全独立的风格。父母对孩子有较高且合理的期望，并慷慨地提供健康的情感支持。他们对孩子设定的界限与年龄相适应，前后一致，而且大多是围绕健康和安全而设定的。

以心为本型父母拒绝成为施救者或裁判员。他们鼓励孩子们做出适合自己年龄的决定，并随着他们成长承担相应的责任。父母允许他们犯错，并改正自己的错误，通常人们也认为孩子有能力并可靠，值得信赖。这样，孩子们就更有可能成为内因驱动的人。

内在动机：一个人在享受行动中产生的驱动力，这种动机产生于人的内部。

这是内在动机，也就是"从内而外"的动机，引导孩子们接受健康的界限，听从道德指南，为他们的行为承担责任，并努力为世界作出贡献。以心为本型育儿的标志是父母与孩子之间达成协议，说教让位于允许和鼓励孩子提供意见的双向讨论。

以心为本型父母为自己设定个人界限，教孩子为自己设定界限，让孩子为自己的行为负责，父母和孩子的需求被置于同等地位。

以心为本型父母的典型表现

首选策略：

- 一致性和灵活性
- 移情
- 鼓励
- 给予选择
- 内在动机
- 共同协议
- 积极的角色塑造
- 自我调节
- 无条件的爱
- 双赢的谈判

典型话语：

- "我相信你。"
- "你能做到。"
- "让我们集思广益。"
- "你感觉如何？"
- "我们怎么解决这个问题？"
- "你有能力，且很可靠。"
- "我知道你能解决这个问题。"

什么才是正确的积极强化

作为父母，你可能熟悉"积极强化"这个词，它指的是有利的刺激或条件可以增强某些行为。如果还不熟悉，要点如下：我们希望小狗乖乖坐着，每次它乖乖坐着的时候，我们都会给它一顿大餐，这样小狗就学会乖乖坐着了。但对孩子来说，积极强化真的是"积极"的吗？那要看你给的奖励是什么。

比如我们想让孩子多读书，每次孩子读书时，我们都给她一张贴纸，贴纸就是奖励，孩子就会看更多的书。

在这种情况下，我们的积极强化和外在动机是一个意思——这对大多数生物来说都可以。但正如我们之前所讨论的，这样会破坏我们培养负责任、自信且高自尊人才的努力，这样就不那么"积极"了，对吧？但孩子们参加某些活动还有一种"奖励"，那就是在我们不干预的情况下自然发生的"奖励"。

我们希望孩子多读书，孩子选择要读的书，并从中得到乐趣。读书的乐趣就是奖励，孩子就会读更多的书。

孩子确实正经历着积极的强化，因为一个有利的条件（快乐）增强了她的行为（阅读）。但这种"奖励"是内在的，而不是外在的，因此既不降低孩子的自尊，又能带来积极的行为。

教养孩子常常出现的大错位

后面的章节，我们将开始制定一个以心为本的综合育儿指南，我们相信这是通往你为孩子设定的所有美好目标的唯一最直接的途径。但在此之前，我们希望提供一个常见的真实场景，强调目标和战术之间的根本错位会如何影响家长的努力。

一个小男孩出生在一个父慈母爱的家庭，父母希望与儿子保持亲密的关系，也深知亲子关系对孩子远离伤害的重要性，目标之一就是让孩子觉得随时可以向他们寻求建议。两年后，家里迎来了第二个儿子。一切都很好，直到大儿子4岁以后，他开始发牢骚，在公共场合突然发作，虐待弟弟，为此他的父母很沮丧。爸爸妈妈教训儿子，说他突然"退步"了，做一个"好哥哥"很重要。他们提高嗓门，让他强行停下来。等他年纪渐长，每次犯事儿时，父母都拿走他心爱的电子产品。随着时间的推移，这些策略似乎行之有效。等他13岁时，只要父母一个不赞成的眼神，他就会乖乖听从指挥。不幸的是，这造成了附带损害。对男孩的行为进行羞辱和惩罚，而不关注其行为背后的需求和感受，导致他认为自己最强烈的情感需求也无法在父母那里得到认同。

长此以往，他学会了掩饰自己的感情。他责怪弟弟总是给他惹麻烦，这破坏了兄弟间的关系。然后，在高中时，他最喜欢把自己的心声讲给同龄人听，终于找到一个发泄的地方，用冒险活动把那些压抑的情绪排遣出去。具有讽刺意味的是，尽管父母的初衷是好的，但孩子最不愿意求助的正是这些充满爱心和关怀的父母。

这个孩子的父母虐待过他吗？没有。他们的策略是否有些极端？一点也不极端。然而他们没能达到自己的目标。为什么？因为他们的策略只专注于短期问题，而损害了长期目标。他们操纵儿子小时候做"正确的事"，这会迫使儿子长大之后做下"错误的事情"。

这种自我破坏并不罕见，甚至流毒甚广。

思考一下

- 我们希望孩子们诚实，却自己羞辱、惩罚他们，并表示，当他们坦承自己的错误时，我们对他们"很失望"。
- 我们希望他们积极地看待自己，自己却经常唠叨、批评和责骂他们。
- 我们希望他们相信自己的直觉，自己却会说一些诸如"你肯定还没吃饱"或"你已经是大孩子了，不要怕黑"之类的话来压制他们的直觉。
- 我们希望他们为自己设定健康的界限，自己却总强迫他们与朋友和兄弟姐妹分享自己的财产，或即使他们不愿意，也要求他们对别人表现出肢体上的关爱，说："来吧，给奶奶一个拥抱。"
- 我们希望他们勇敢、果断，自己却不鼓励他们顶嘴或挑战我们的极限。
- 我们希望他们能很好地解决问题，自己却为他们做出了大多数决定。
- 我们希望他们有安全感和归属感，自己却采取"我的地盘听我的"这一态度。
- 我们希望他们享受学习，自己却会为他们选择选修课。
- 我们希望他们负责任，自己却把他们落在家里的午餐和作业带到学校。
- 我们希望他们成熟地解决冲突，但通过惩罚来威胁他们解决问题。
- 我们希望他们与我们分享他们的感受，却告诉他们，他们发脾气是"不合适的"，并让他们到房间里去哭。
- 我们希望他们自力更生，却不断替他们做力所能及的事。
- 我们希望他们重视团队合作而不是竞争，却在他们与朋友和兄弟姐妹之间设置了竞争。
- 面对不友善的人，我们希望他们勇敢，但当刻薄的人是我们自己时，却不鼓励他们这样。
- 我们希望他们具有创造性、自主性和独立性，但我们几乎不经他们认可就制定了大部分规则，并坚持要求他们遵守这些规则。

● 我们希望他们有道德指南针，自己却用贿赂和奖励来激励他们——而不允许他们情感自然流露，无论这是积极的情绪，还是消极的情绪。

● 我们希望他们学会自我调节，自己却未能在该领域为其树立榜样。

● 我们希望他们质疑权威，却不让他们质疑我们。

我们在日常生活中所做的事情让我们距离自己为孩子设想的未来更近或更远。我们的目标不能满足于"什么管用"或"凭勇气去做"或"相信一切都会成功"。我们必须有意识、有目的地把目标定得更高。

提高意识，而不是追求完美

为人父母从来都非易事。有些孩子似乎让我们的生活很艰难，甚至"省心"的孩子有时也会挑战我们。他们说的话直击我们的要害，其所作所为让我们不禁要想："我的天，这孩子是谁养的？"

我们在前进的道路上步履蹒跚，不时会和孩子一起陷入困境。我们后悔自己说过的话，有一些事情我们明知道是错的，却还要做，因为太累了，而没能去切换档位。"总会有明天的。"我们告诉自己。

你知道吗？我们是对的，总会有明天的。

当我们犯错误时，出现了最好的教育机会。错误让我们成为更好更强的父母，推动我们前进，让我们更有同理心，最重要的是，这样还允许孩子不完美。

做父母的意义不在于每时每刻都万无一失，我们无需径直从A点直线到B点。没有弯路、没有偏差的育儿路线是不存在的，为人父母很少会是一条直路。但知道目的地B点在哪里，以及如何到达那里，的确大有裨益。

第三章

真相1

所有孩子都有情感需求

在《高效能人士的7个习惯》（*The 7 Habits of Highly Effiective People*）一书中，作者史蒂芬·柯维（Steven Covey）用情感银行账户这个比喻来形容"在一段关系中建立信任"。这种方法可以记录你与生活中的人情感上的位置，尤其适用于亲子之间。

前提是，你和孩子之间的每一次情感互动，无论是积极的还是消极的，都会以存款或取款的形式进入孩子的账户。就像我们对自己银行账户里的钱感到更放心一样，孩子们也对自己情感银行账户里的钱感到更放心。无论何时，他们情感银行账户里的存款越多，就越乐于合作，也更快乐。

常见的"取款"行为	常见的"存款"行为
傲慢	接受孩子
责备	承认孩子的感情
贿赂	道歉
把孩子和其他人做比较	欣赏孩子的独特性
要求孩子服从	允许孩子犯错误
否认/弱化孩子的情感	和孩子处于同一水平线上
对孩子有超出其年龄的期待	进入孩子的生活和兴趣
无法做到始终一致	在场
无法设定限制、界限	冷静沟通
直升机式管得太多	赞扬
打孩子，打屁股	一致性

常见的"取款"行为	常见的"存款"行为
急忙为孩子解围	鼓励
羞辱孩子	灵活性
忽视孩子	赞同
不一致	宝石时刻
打断孩子	给予选择
孤立孩子，让孩子暂停	付出时间
确保秩序	高层次联系
贴标签	拥抱
缺乏关爱	做决策时把孩子纳入其中
缺乏关注	笑
缺乏联系	听孩子说
负面的肢体语言	听孩子听的音乐
不照顾自己	喜欢肢体接触
反应过度	一对一约会
玩最喜欢的东西	参与
坏榜样	玩耍
反应粗暴	承认
撤回优待或感情	周详地予以回应
撤回玩具或电子产品	如果可能就表示认同
经常说"不"	设定限制和界限
羞辱，斥责	表达同情
威胁	表现出耐心
利用恐惧去激励孩子	教导
讽刺	信任孩子
无声的沉默	注意力
收回爱	口头上表示关爱
大喊大叫	看儿童剧

无论多么努力，你都会有退缩的时候——尤其是当生活中遇到挑战时。孩子会感到受伤、沮丧，而且生你的气。但只要守住底线，承认自己的不足，就能避免那么多的伤心时刻。

作家劳伦斯·科恩曾谈到"给孩子的杯子加满水"，也就是说在情感上给孩子们加油。他说，能填满孩子杯子的是玩耍、友谊、一对一的相处、联系，以及做他们喜欢做的事情，这些都是优质存款。让杯子空空如也的是压力和紧张、同伴的拒绝、孤独、孤立、大喊大叫、惩罚、失败、疲劳，以及做他们讨厌做的事。

作家、临床心理学家兼著名育儿网站创始人劳拉·马卡姆也讨论了情感银行账户的概念，并提出了存取款比例为5∶1的建议。她引用了一项研究，该研究发现：已婚夫妇中，积极互动和消极互动起码保持5∶1的互动关系，更不容易离婚；保持积极互动和消极互动5∶1的比例，可能是保持包括亲子关系在内的各类关系良好的有效保障。

我们之所以用情感银行账户开始本书第二部分，有两个原因。首先，我们想为你提供一个实用的概念，方便你马上在家操作。其次，这是向你介绍儿童情感需求这一简单但重要概念的理想方式。上面提到的每一笔存款都至少满足一种特定的情感需求。每次讲述一个需求，你就能深入了解孩子为什么会这么做。

改变育儿任务：添加情感银行账户存取款清单

仔细阅读情感银行支票登记簿上的存取款清单，然后想想过去的24小时里，你在孩子的情感银行账户中有哪些具体的取款和存款，把它们圈起来，或者自己为其命名，然后全部加起来。你是存款有盈余还是入不敷出？

7个需要记住的缩略语

在网上搜索"孩子的情感需求"，你会发现几十个词：接受、关爱、自由、尊重、安全、支持、信任、理解。这样的词汇有很多。它们唯一的共同点是什么？它们都模糊得令人沮丧。如果你连孩子的情感需求都无法定义，怎么能满足他们的情感需求呢？

这就是为什么我们把孩子们的情感需求"捆绑"成7个一组，并给它们一个容易记住的字母缩写：SPECIAL。SPECIAL代表：

S = Smile 笑

P = Powerful 强大

E = Explore 探索

C = Connection 联系

I = Important 重要

A = Attention 关注

L = Love 爱

每当你怀疑孩子为什么这样表现时，我们建议你先从SPECIAL特殊需要入手，找出问题的根源。

S = SMILE 笑

作为父母，我们知道日常生活中有点儿乐趣是多么重要，无论是吃好吃的，在工作中与同事开玩笑，还是一天结束时与家人交流分享。太长时间没有令人精神振奋的东西是很糟糕的，我们需要能让我们微笑的东西。

孩子们和我们笑的原因可能不大一样，但他们对快乐的需求更强烈。这就是为什么笑这一情感需求——开心、大笑和玩耍——如此重要。许多研究表明，笑对人体健康有好处。它能降低我们血液中的应激激素水平，释放 β−内啡肽，会刺激人的心脏和肺，让血压升高，并增加肺活量。

当然，并非所有的事情都可以很有趣，也不是所有的事情都可以让你每天都开怀大笑。但当你发现孩子有挑战性的行为或缺乏合作时，一定要记住SMILE这一策略，这剂药可以迅速解决问题。

给平凡增添乐趣

玛丽·波平斯（Mary Poppins）的《一匙糖》（A *Spoonful of Sugar*）绝不仅仅只是一首朗朗上口的歌，而是真正天才的育儿之道。

当你让事情变得有趣，或者更进一步，让孩子把事情变得有趣时，你满足了他的情感需求。当你为更多玩乐腾出空间时，做家庭作业、按时睡觉、做家务，所有你能想到的，都会变得容易得多。

这是否意味着你从现在起必须一直是常驻小丑？恰恰相反，你的工作不是让孩子开心，远离无聊——这是他们的责任！但如果我们教他们怎么做，真的很有帮助。关于如何在日常生活中增添乐趣，建议参见附录。你将会发现：

- 8种让用餐变得有趣的方法；
- 5种让捡玩具变得有趣的方法；
- 10种让孩子坐在汽车座椅上变得有趣的方法；
- 6种让外出就餐变得有趣的方法；
- 3种让家庭作业变得有趣的方法；
- 6种让等待变得有趣的方法；
- 6种让洗澡变得有趣的方法；
- 8种让刷牙变得有趣的方法；
- 25种让睡觉变得有趣的方法。

育儿，你需要有创造力。把笑看作孩子的工作——一项能让他终生受益的工作。把自己想象成他的助手。挂断电话，关掉笔记本电脑，让孩子去忙活！

孩子们不会说："今天我在学校过得很辛苦，我能和你谈谈吗？"他们会说："你愿意和我一起玩吗？"

——劳伦斯·J.科恩

给父母的"笑"的小贴士

● 对游戏时间说"是"。在很多方面，"笑"是你最容易满足的需求。孩子们总是在寻找乐趣，而且似乎很容易就能找到。当他们洗完澡光着身子在屋里跑来跑去时，这就是笑的作用。当你和他们捉迷藏，或在沙发垫子上玩"热熔岩"游戏时，这些都是他们情感银行账户里的巨额存款。所以，请注意！尽可能让他们开心。

● 让他们"忘乎所以"。当你的情感银行账户空空如也时，孩子的快乐可能会成为一种烦恼。当你认为他太激动时，可以告诉他"冷静"或"安静"。然而，当你这样做的时候，会传递一个信息：过度快乐是不可取的，孩子们必须学会待在一个狭窄的情感范围内——既不太快乐也不太悲伤。具有讽刺意味的是，我们想知道为什么这么多的成年人很难"玩得开心"。我们的朋友可能会说："你为什么不放轻松一点呢？"这可能就是原因。

改变育儿任务：孩子如何变得"有趣"？

找出孩子似乎不喜欢的一项日常活动或任务，并说出5种他可能让这些事情变得更有趣的方法（记住，我们的长期目标不是让孩子们玩得开心，而是教他们如何让自己的生活变得有趣）。可以翻到附录，寻找灵感。

P = POWERFUL 强大

权力斗争——我们的大多数调查回应者都认为权力斗争是他们最关心的问题之一——是希望自己强大这一合理需求的结果。权力让我们觉得自己有能力管理自己的世界，是人性驱动力的一部分。问题是，当孩子们觉得自己在成长的每个阶段都没有得到足够适当的真实权力时——不管我们是否认为自己给了他们足够的权力，他们都会试图去争取权力，而这几乎总是导致冲突。

要让孩子们感觉自己很强大，就要让他们尽可能多地发号施令，自己吃饭，选衣服，选择要打包的午餐（并打包），选择自己的课外活动等，这些都是让特定年龄的孩子感到强大的小技巧。

让孩子们有犯错的自由是另一回事。

每当我们把孩子们可以做的任务接过来，就剥夺了他们的权力和机会。让孩子自己去倒牛奶，洒了也不要紧，让他自己学着清理。

给孩子权力并不意味着要改变你的界限或限制，也并不意味着移交所有权力。当然，这并不是说要做一对宽容的父母。事实上，与你可能听到的相反，孩子们需要权力，并非因为他们需要更多限制，而是因为他们需要更多权力。

你是否给了孩子足够的责任？

哈特菲尔德夫妇在教中学生家长时，经常会分发以下清单：

我允许孩子承担与年龄相适应的责任。我的孩子：

☐ 不用我帮忙，早上自己随闹钟起床；

☐ 无需我提醒，早上/晚上自己照顾自己；

☐ 自己做在学校要吃的午餐和早餐；

☐ 不用别人帮忙，自己洗衣服；

☐ 无需别人提醒，自己做作业，背书包；

☐ 自己付账（在我的帮助下）；

☐ 照顾家庭宠物；

☐ 通过承担额外的责任挣钱；

☐ 知道如何使用信用卡；

☐ 知道如何买杂货；

☐ 了解基本的汽车保养和加油。

当父母有机会完成检查清单后，他们会讨论（而且经常为自己辩护）自己达标的项目是多么少。"我不指望孩子做所有这些事情！"父母通常这样说。对此，哈特菲尔德夫妇的回答是："你孩子17岁了，她上了四门课程，会开车，难道还不能自己起床，自己做早餐，自己洗衣服？"

作为父母，你的工作就是在孩子18岁之前"失业"。幸运的是，只要有机会，孩子们通常都渴望学习新技能，即使是蹒跚学步的孩子也完全有能力帮忙做家务。所以，看看孩子的生活和环境，你可以做些什么让她承担更多的责任呢？能把零食架子放低一点，让她开始自己准备零食吗？能给她零用钱，让她开始了解钱的价值吗？能让她自己在饭店点餐吗？能让她自己参加派对吗？

当然，并非所有的责任都是"有趣的"，有些就是家务事，但即使是家务事，多花一些心思也能让其变得有趣。关键是要知道你的孩子能做什么，每次让他承担一点责任，而不是强迫或威胁。

不同年龄段的孩子可以承担不同的责任。

给他们家务和零花钱——但不要把两者联系起来

做家务和给零用钱都有助于教育孩子承担责任并赋予他们权力。在做家务的过程中，孩子们开始认识到自己是家庭一员，并意识到自己的贡献很重要。通过给他们零用钱，可以让他们了解到金钱的价值。

但如果你想让生活更简单，那就把这两件事分开。

我们可以在给零用钱的同时，让孩子学习理财知识。我们教导孩子奖励心态：想要得到什么，就必须先要学会付出。

预先警告：所有的孩子一开始都不善于理财。这是好事！他们会在金钱上犯很多错误。他们可能会买你见过的最愚蠢的垃圾。但这是一个让孩子感到强大的简单方法。而且，即使他们确实在金钱上犯了可怕的错误，他们也会从这些错误中吸取教训。但最棒的是：你不再是那个主观决定孩子是否可以拥有一个新玩具、一本书或一条牛仔裤的人。你必须做个好人。

家务系统不会榨干你的精力

做家务是需要学习的。2—3岁的孩子喜欢帮忙做家务，但很少能真正帮上忙。一开始，这需要很大的耐心（很可能还会打碎几只盘子）。但当你培养孩子，让他相信做家务就是生活在家庭里的同义词时——你以后会省去很多令人头痛的问题。其实，很多家务系统是家庭压力的来源，尤其是当孩子们觉得家务事是违背他们的意愿时。家务系统要让他们真正愿意合作，并把父母从不间断的麻烦中解脱出来，就必须考虑每个孩子的年龄和性格。他们必须考虑每个家庭的生活节奏和优先事项。而且，根据我们的经验，他们必须遵守一些关键真理。

1. 家务必须让孩子参与其中。如果孩子没有参与到家庭家务系统的头脑风暴中，那么这一系统很可能会陷入困境或失败。家务系统的"授权"部分来自孩子权衡家务的能力。

2. 孩子必须同意他要做的工作。父母们最常犯的错误就是对家务规定过多，分配家务的时候很少考虑孩子是否认为这些家务适合。

3. 父母必须致力于成为这个体系中"平等"的一部分。最好的办法是让父母成为家务系统的一部分，并指定一个"教练"或"老板"，每周轮换一次，确保完成家务。

4. 该系统必须包括自我评估过程。与其为孩子们的家务活付钱，或者在事情做得不对的时候唠叨他们，不如留出一些时间，也许一周一次，聊聊事情的进展情况。

5. 父母必须乐于接受改变。如果家务制度不起作用，也就是说，它遇到了阻力，或者对孩子而言失效了，孩子们愿意重新审视这个系统，并做出改变。

家务工作轮盘

家务工作轮盘是一个符合所有标准的家务系统，还有一个好处就是让孩子的家务活更有趣。其工作原理如下：

1. 头脑风暴。一家人找时间坐下来，对家里所有要做的事情，以及孩子在特定年龄所能做的家务，进行讨论。确保孩子们提出自己的想法。把这些想法写在白板上或白纸上，认真记录下每个人的观点，并帮助每个人都认真地考虑选择。

2. 每个家庭成员都真正地达成一致，对一份适合各个年龄段的家务清单达成一致。明确地问："这些工作在你看来还可以吗？"从而削减清单内容数量，确保对每项工作都真正达成一致。然后给每项任务和活动起一个有趣的名字。

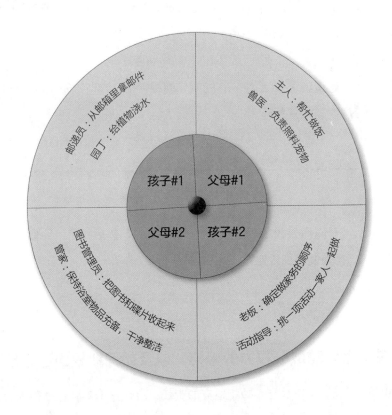

3. 制作控制轮。从卡片上剪下一大一小两个圆圈。大圆圈代表任务，小圆圈代表包括父母在内的每个家庭成员！记住，当父母参与时，孩子们把家庭看作一个团队，这是获得他们诚意合作的关键。把小圆放在大圆上面，中间用一颗黄铜纸扣把它们固定在一起。每周顺时针旋转中心圆。瞧！

4. 自我评估。每周在指定时间，老板都会问大家："这个星期过得怎么样？下次你有什么不同的做法吗？"然后，老板转动任务轮，宣布下一周的新任务。当然，这需要家长的指导，我们建议根据家庭需要，灵活调整。

真实案例！

一位4岁女儿的母亲，在以心为本的育儿课上了解到权力在育儿中的作用后，回家建立了一系列新体系，旨在减少她在家中所经历的权力斗争，小女孩欣喜若狂。第二天，这位妈妈写信给泰和琳达，说自己的女儿说："今天真令人兴奋！我有自己的零食抽屉！我有钱包和零用钱！我甚至有了一个任务轮，现在我可以自己打包午餐了！"

这位妈妈接着说："她对所有的变化都很兴奋，我可以看出她对新获得的信任感到非常有力量。"

改变育儿任务：交出缰绳

问自己，"什么时候我才能停止为孩子这样做"？然后找出一件你今天可以停下的事情，把控制权交给他。

从孩子身上"窃取"权力的妙招，以及如何把权力还给他们

相信孩子能够承担起与年龄相适应的责任，会让孩子感到自己很强大，因

为这实际上赋予了他们掌控自己生活的权力。"窃取"这个词可能语义很强烈，但这就是孩子们的感受。尽管有时我们必须告诉孩子该怎么做，或者至少要强烈地引导他们朝某个方向去做，但我们可以让他们感到他们不是在受控制、受约束和被强迫的情况下去做的。

诀窍是养成提供选择的习惯。

给予选择

父母可以为孩子提供3种选择：具体的、双赢的和有趣的。

1. 具体的选择。这些选择是字面上的，而且很有限。这适合蹒跚学步的孩子和学龄前儿童，他们的思维很具体，但这在孩子青春期也起作用。"你想穿红裤子还是蓝裤子？"是一个具体选择的例子。"你选择把碗碟从洗碗机拿出来，还是放进洗碗机？"这是另一个例子。

2. 双赢的选择。为孩子们设置限制时也可以给他们选择，比如固定的就寝时间或禁止夜间活动，父母想要在这个限制范围里提供与年龄相适应的权力时，可以使用这种策略。你可以问小孩，"你想现在上床睡觉，我为你读4本书，还是10分钟后上床睡觉，我为你读2本书"？或者，对于大一点的孩子，你可以说，"我们说好上学日晚上22：30上床睡觉。你可以现在去看两部电影，或者你可以在晚饭后去看一部电影。你想做哪个"？

3. 有趣的选择。有趣的选择满足了孩子对权力和乐趣的需求，从而提高合作的可能性。你可能会问一个小孩："你是想我背着你去睡觉，还是想让我用手推车送你去睡觉？"或者，对于一个大一点的孩子，你可能会问："你是想穿泳衣洗车还是穿其他衣服洗车？这样你就可以弄湿，像肥皂一样滑溜溜的？"对于有趣的选择，声音中一定要透着兴奋，这会让孩子很容易地做出选择。

确保只给两个选择，并让每个选择都积极向上，其中之一不能是惩罚。"你是想现在穿好衣服，还是想暂停下来？"不是一种选择，而是一种威胁。此外，父母必须接受孩子做出的任何选择，并愿意坚持到底。

选择是一种很好的方法,可以避免(非常令人沮丧的)用"如果—那么"的方法来得到我们想要的。说"如果你＿＿＿＿＿＿＿＿＿,那就＿＿＿＿＿＿＿＿＿"只会促使我们诉诸使用威胁、贿赂和奖励。此外,"如果你……"这句话也传达了我们怀疑孩子能否坚持提出要求。下面是一些用提供选择代替"如果—那么"的例子:

如果—那么:"如果你穿好衣服,今晚就可以看电视。"

具体的选择:"你选择穿猫咪睡衣还是狗狗睡衣?"

如果—那么:"如果你完成了作业,我会让你多玩一会儿乐高积木。"

双赢的选择:"我饭前比饭后有更多时间陪你玩,你可以选择在17:00前完成作业,我陪你玩20分钟乐高,或者晚饭后完成作业,我陪你玩10分钟乐高。"

如果—那么:"如果你整理5个玩具,我就带你去公园。"

有趣的选择:"你想在我们每人捡到5个玩具的时候唱首歌,还是在我们每人捡到5个玩具的时候跳支舞?"

如果孩子不做选择怎么办?

当两种选择都不受欢迎时,这可能是一个挑战。假设孩子感染了病毒,抗生素很难吃。一个给孩子赋权的选择可能是:"你想在晚饭前吃药,还是晚饭后吃药?"当然,孩子可能会说:"都不要吃。"这时,你可以诉诸逻辑:"医生说你需要吃药,否则你会不舒服的。"但是逻辑是一种情感阻滞,相反,要肯定他的感受:"听起来你很焦虑,因为这药尝起来令人厌恶又恶心。"

如果谈论他的感受不起作用,他仍然拒绝做出选择,那么选择你认为他会为自己做出的选择,然后继续。"好吧,我们晚饭后吃药,这样就可以马上刷牙,把嘴里那种难闻的味道吐出来。"充满爱意的语调和态度会有很大帮助。

训练自己不随意发号施令

孩子和成年人一样,不喜欢别人发号施令。你对他们的命令越多,他们就越有可能与你保持距离。

"带上雨伞。""喂狗。""别落了小提琴。"我们都习惯于这样发号施令，但这并不是一个好习惯。不要发出命令，试着提供信息，让孩子自己判断，然后行动。

"天气预报说今天要下雨。""狗狗看起来饿了。""今天是音乐课，你需要的东西都带齐了吗？"总的来说，得到信息而不是命令的孩子往往与父母的关系更亲密，同时他们自己也得到了有价值的思考练习。

提供信息

当你发现自己告诉孩子该做什么或不该做什么时，试着阻止自己，给他们提供信息。下面是一些常见命令的新型表达：

命令		信息
带上你的午餐、鞋子、夹克和背包。我们现在要去上学了！	➡	我们早上7：30去学校。你需要带什么？
我不在的时候把洗碗机里的餐具拿出来。	➡	洗碗机里装满了干净的盘子。
现在就给汽车加满油，否则你会用完的。	➡	我注意到车里的油表低了。
小心，你会滑倒的！	➡	地面又湿又滑。
不要这么大声说话。	➡	图书馆是个供我们找书的安静地方。
系好鞋带。	➡	你鞋带没系好。
穿上睡衣，洗脸，刷牙，该睡觉了！	➡	睡觉时间是20:30，现在是19:30。你需要做什么来准备睡觉？
要告诉你多少次，让你做学校的作业。	➡	我在日历上看到你们学校的作业星期五要交。你需要什么吗？
你得给植物浇水。	➡	这些植物看起来有点干。

坚持让某人做某件事，和营造一种氛围让他自己想去做这件事，两者之间有天壤之别。

——弗雷德·罗杰斯

给父母关于"权力"的建议

● 压力释放阀：避免向孩子施压，让他做无需你施压的事情。如果他不吃蔬菜，没关系。如果他不愿意和妹妹一起玩，那很好。如果他选择在旅行背包里放14本书，坐一个小时的飞机，没问题。这些都是让孩子感到强大的简单方法。

● 尊重他们。尽可能像对待朋友一样对待孩子。例如：进入他的卧室前先敲门，允许他打电话时有自己的隐私，用尊敬的口吻和他说话，尊重他的时间

真实案例！

在课堂上，泰和琳达通常会把志愿者带到教室前面，来说明给予信息和发号施令之间的巨大差异。在扮演家长的角色时，泰首先会说："准备好你的午餐、鞋子、夹克和背包。我们现在要去上学了！"接下来，他说："我们早上7：30出发去学校。你需要带什么？"每次陈述之后，他都会让志愿者报告他们的互动感受。几乎无一例外，志愿者们报告说，命令让他们感到自己被控制、被削弱，而提供信息让他们感到尊重和信任。

然而，最近，当志愿者听到"拿好你的午餐、鞋子、夹克和背包，我们要去上学了"的命令时，情况来了个大反转。有志愿者报告说她感觉很好，这位志愿者——一位两个孩子的母亲——自己就是以这种方式成长起来的。这种命令对她而言再正常不过了。"你告诉我该怎么做，"她说，"现在我知道我需要做什么了，这让我很欣慰。"泰没有评判对方的反应，而是转向了提供信息的立场。"我们早上7：30出发去上学，"他告诉那个女士，"你需要带什么来？"女士的脸色立刻变了。她张大了嘴巴，把手放在胸口。"哦，天哪，"她说，突然激动极了，"我觉得自己很强大，很有能力。你信任我。"面对这突如其来的顿悟，她朗声大笑，泪水夺眶而出。在那一瞬间，她明白了自己小时候错过了什么。

而非时时刻刻盯着他，让他有时间去读书，做白日梦，和朋友一起玩，发信息，打电话，做家庭作业，做家务等。

改变育儿任务：从指挥官到信息官

写下你经常对孩子发出的命令，然后重新写一遍，或者提供一个选择（具体的，双赢的，或者有趣的），或者你提供信息，让孩子自己想办法怎么做。

E = EXPLORE 探索

婴儿一出生，就倾向于探索周围的环境。这就是为什么我们要带新生儿到外面看看，当他们蹒跚学步时，要盖上电源插座。

孩子对探索的情感需求不会随着成长而减弱。有一次，一个朋友的6岁儿子把一个塑料星球大战玩具放进租来的爆米花机里，并启动了爆米花机。"我只是想看看会发生什么。"当妈妈从爆米花机上刮下融化的机器人时，小男孩向妈妈解释说。

通常有必要设置一些限制。但要记住"停下来"和"不要碰"都是探索欲的杀手，如果孩子们经常听到这样的话，他们会感到沮丧，这是可以理解的。此外，实验是创造力的基石。注意孩子选择去探索什么，你会深度洞察天生的兴趣和崭露头角的天赋。

有些孩子比其他人好奇心更强，可能很难满足其实验和探索的需要，这就像无法完全靠抓挠来止痒一样。我们认识的一个4岁小孩在幼儿园里一直踩花坛。无论妈妈把他抱出来多少次，解释说他的行为伤害了花，他总想方设法到花坛里去。恼怒之下，她终于意识到儿子并不是故意挑衅，他只是很喜欢这种体验。所以她改变了路线，在自家后院发现一片杂草，让孩子在上面踩啊踩啊。

当涉及参加和放弃运动时，父母需要离场

我们认识的一个中学女生加入了游泳队，结果却发现自己每天至少要在游泳池里泡上2小时。不堪重负的她不再享受这项运动，转而问父亲："我什么时候才能停止游泳？"爸爸回答说："等你拿到奖学金以后。"

他不是在开玩笑。

从小被按照优秀运动员培养的孩子，成年后往往渴望别人关注而且会时常感到孤独，研究表明，情绪困扰在高成就者中很常见，因为高成就往往与极富进取心的父母联系在一起。

尽可能让孩子自己选择选修课，自己选择运动去探索。的确，他可能会在各种各样的兴趣中穿梭，从滑冰到轮滑，到滑板，到尤克里里……没关系，对孩子们来说，尝试新事物是好事！我们可以通过坚持让他们只参加一项运动来破坏这种欲望。

在以心为本的模式中，对团队的"承诺"远不如对自己的"承诺"重要。如果孩子对某事充满热情，他会坚持下去的。如果没有热情，他就转向下一个。

也就是说，在课外活动方面，我们完全有权让孩子们知道我们的预算限制，尤其是考虑到孩子们花在电子产品上的时间很长，而且现在儿童肥胖率很高，期望他们参加课外活动是合理的。"你可以不必打棒球、踢足球或打网球，"你可以告诉孩子，"但你必须做些什么。"

孩子可能放弃某项运动或活动的迹象

- 找借口
- 假装生病
- 拒绝做准备，或是磨磨蹭蹭
- 迟到
- 告诉你他们不想去
- 发牢骚/抱怨

改变育儿任务：你的孩子喜欢探索什么？

说出一些孩子喜欢探索的东西。她是喜欢踏进水坑，检查死去的蚂蚁，演话剧，在客厅里开"书店"？还是仅仅在厨房里搞些乱七八糟的事？你能做些什么来满足孩子探索的需求？

给父母的"探索"小贴士

● 放开孩子的房间。让孩子们自由支配卧室，它通常是地球上唯一一个属于他们的地方，所以为什么不把它作为一个探索圣地呢？毕竟，孩子们越觉得在自己的房间里可以"自由"，他们就越不需要在那些真正让你烦恼的地方"自由"。

● 提供替代方案。我们可以通过积极提供有创意的替代方案，帮助孩子的实验获得成功。"我不能让你在家里的墙上画画，但这里有一个大盒子，我们可以把它当成游戏室，你可以在墙上做任何你想做的事情！"当孩子想做一些新事情，尤其是当这些事情在你的舒适区之外时，试着问问自己："这是一件探索性的事情吗？"如果是的话，那就发挥你的创造力，想办法提供支持。

为人父母的挑战在于，一方面要在养育、保护和引导孩子之间寻求平衡，另一方面要让孩子去探索、实验，并成为一个独立、独特的人。

——简·尼尔森

C = CONNECTION 联系

当我们谈到与孩子们的"联系"时，我们指的并不是距离很近，而是和他们进行社交和情感上的交流。你知道被别人吸引是什么感觉，你也知道和一个人不同步是什么感觉——疏远、恼怒、意见无法达成一致。

联系就像一个水龙头，要么开着，是流动的；要么关着，是干涸的。当我们看着孩子，充满爱意地和他们交谈，玩耍，对他们表现出爱的时候，这种联系就会流动起来。当我们唠唠叨叨、大喊大叫、离开他们、忽略、内疚、羞辱、打他或惩罚他时，水龙头就关闭了。

薇琪·法尔科恩认为，父母们经常面临这样的抉择：是"现在断开"与孩子的联系，还是"保持联系"，而我们此时的选择会影响孩子的自尊。"养成这样的习惯，"她在书中建议道，"问问自己，'这种活动是把我和孩子联系在一起，还是把我和孩子分开'？如果答案是'断开联系'，那就选择一种'联系'的方式。"

法尔科恩描述了"联系的3个层次"这一概念。

● **低水平联系：**（身为父母）无论你是否身在此处，精神上或情感上是缺席的（你带着10岁的孩子去游泳池，让救生员看着他游泳，自己却沉浸在最新的小说中。或者你给孩子买了一台游戏机，自己却在他玩的时候看电视）。

● **中级水平联系：**你身在现场，精神或感情投入却有限（你坐在游泳池边上看孩子游泳，或者把游戏机装好，教孩子如何使用，然后继续看电视）。

● **高水平联系：**你身在现场，在精神上和感情上也完全投入（你和孩子在游泳池里一起玩，或者和孩子轮流唱《刺痛破碎的心》）。

我们不可能时刻与孩子们保持高水平的联系，生活也不允许。有时我们只能勉强做到低水平或中级水平的联系，其他时候，当我们工作到很晚或者不在家的时候，根本就无法建立联系，但要注意你每天与孩子的联系程度，尽可能多地建立高水平联系。

联系是我们做父母的事

只要记住，我们不能指望孩子们保持联系，这是我们做父母的职责，孩子们在很多事情上依赖我们，培养联系是其中之一。一位名叫戈登·纽菲尔德的心理学家提出一个关于依恋的开创性理论，他曾在一次接受采访中说："父母有责任保持与孩子的联系，保持他们之间的关系，这样孩子们就可以放手成为他们自己。"

一对一约会

带孩子进行一对一约会是一种满足孩子多种情感需求的好方式，尤其可以满足他对联系的需求。如果孩子似乎渴望得到你的关注，或者参与了很多权力斗争，医生会要求你去进行一对一约会。和谈恋爱浪漫的约会一样，你要选孩子想做的事，让它成为你们两人的特别之旅。一对一约会给情感银行账户带来的存款，犹如突然中了彩票大奖，这也是你所能提供的最高层次的联系。你要做的是：

1. 对孩子说："我想带你去约会"，并把约会定在未来某个时间。明确表示只有你们两个人，没有其他人。记住，放学后去冰激凌店的即兴之旅很有趣，但这不是一对一的约会。约会必须事先计划好，他们不是因为有时间才去做的，而是要挤出时间去做。

2. 提供日期指南。讨论一周中哪几天有空，你有多少时间约会，你愿意花多少钱。虽然买东西可能是约会的一部分，但去某个地方仅仅买个玩具并不能充分利用你们在一起的时间。让孩子知道这是为了一起做点什么而不是购物。

3. 允许孩子选择活动。孩子可能会在没有任何提示的情况下有一个特别的想法。但很有可能，她的想法需要大人来帮忙。这里有几个：

   ● 开学前一起出去吃早餐；

   ● 把孩子从学校午餐中"解救"出来；

- 骑自行车、穿上旱冰鞋或踩滑板车在附近转转；
- 打包午餐并带到公园野餐；
- 远足或在自然中散步；
- 出去吃冰激凌；
- 造访一家放音乐的咖啡厅；
- 支持孩子的爱好和兴趣。

4. 安排日期。让孩子把日期写在日历上。

5. 不要取消！

6. 活在当下，享受彼此的陪伴。把手机调成静音模式，把问题留在家里——尤其是你们之间可能存在的问题。如果你想讨论一些严肃的事情，可以留到以后再说。这关于联系，而不是纠正错误。

你和孩子之间90%的互动都应该关于联系，这样他就可以接受另外需要纠正的10%的内容。

——劳拉·马克姆

给父母的"联系"小绝招

- 和孩子处于同一高度。当和孩子们交流时，无论如何，都要和他们处于同一高度。当你们意见一致时，这样能平衡力量和精力，并能立即建立起融洽的关系。它告诉孩子："我愿意接受你现在的样子。"

- 伸出手来（字面意思）。有没有想过为什么成年人经常要求和小孩子击掌或拳头？提供友好的身体接触是与孩子交流的最好方式之一，只要孩子愿意。牵着孩子的手或让孩子搭着肩膀去目的地也是很好的联系方式。

真实案例！

　　我们认识的一位父亲和他10岁的儿子大卫之间的关系正经历着一段不稳定时期。父亲的时间被分配给了4个孩子，没有太多的机会对他们有个性化的关注。然而，在了解了一对一约会的转换能力后，朋友决定单独带儿子去水上公园。之前他告诉我们，会把所有孩子都带来，但这次他只带走了大卫。"我和他度过了一段非常美好的时光，"后来他告诉我们，"我们没有什么事分心，只有我和儿子，单纯地在水上乐园漂浮着。这是我和大卫相处最好的时光之一。有时候像去水上公园这样简单的事情也可以成为一个转折点。"

改变育儿任务：计划一次约会

　　确保遵循上面列出的6个步骤，为每个孩子安排一次一对一的约会。你决定做什么？之后你感觉怎么样？

I = IMPORTANT 重要

　　也许你已经读到过，所有的孩子都有感到自己很重要、被珍惜、被尊重和被重视这一基本需求。我们用"重要"这个笼统的术语来涵盖这些形容词。孩子们需要感觉到他们是家里重要的，甚至是至关重要的！当然，孩子已经是家庭中重要的一部分了，对吧？但这无关紧要，同样重要的是孩子的感知。重要的不是孩子的需求，而是感觉他自己重要。你可以通过询问孩子们对家里事情的看法、想法、感受和主意来让他们觉得自己很重要，理解他们的观点，花时间从他们的立场理解事情,尊重他们的言行。

让他们参与进来,并欣赏他们。"我应该把这幅画挂在哪里?"或者"你想让我在杂货店给你买点什么零食?"或者"我们是现在给你妹妹洗澡,还是晚饭后给她洗澡?"都是不错的问题。不要低估让孩子参与生活的作用。欣赏他在烹饪、装饰、运动或舞蹈方面的技巧,和他一起看电视节目,去认识他的朋友,让他展示他最新的体操技巧。这些小事都清楚地表明,你很重视对他来说重要的东西。

你也可以考虑举办一个**"欣赏圈"**。

欣赏圈是一种有趣的方式,可以提醒孩子们他们是多么重要,并教会他们自尊和自我欣赏的巨大价值,未必是字面意义上的一个圈,工作原理如下:

选择一个家庭成员先去。被选中的人说:"我欣赏自己的一点是……"然后,每个家庭成员轮流告诉被选中的人:"我欣赏(名字)的地方是……"给大家做个示范,而且要保证避免评价。有时孩子们会说一些傻事情,但这没什么大不了的,很快你就会听到发自内心的深刻评论。

● 在家人的生日聚会上,让受邀的客人说他最欣赏寿星的一个方面,这往往是一天中最好的礼物!

● 把对寿星欣赏的方面写在一张纸上,放在一个特别的盒子里。轮流从盒子里抽出一张纸条,然后一家人大声朗读评论。也可以考虑把它们当作纪念品,把它们存起来,在比如跨年夜这样特殊的晚上朗读。

给父母的"重要"建议

● 允许孩子有自己的感受。允许孩子有主见,有自己的品位,即使他们的品位频繁改变,你完全不赞成。无论他们采用了一种新的信仰——例如素食主义,或者是一种精神实践,或者改变她的着装或发型,请放心,她在努力过最真实的生活,并且可以真正地利用你的支持。

> ● 让它成为"孩子的选择"。轮流让孩子选择晚上的游戏或活动。让她选择晚餐吃什么，让她帮忙做饭。只要确保它是真实的，你不能欺骗孩子让他觉得自己很重要，但你可以把他们当作真正重要的人。

改变育儿任务：让他们参与进来

针对邀请孩子进行家庭生活的方式，或者你更加深入参与孩子生活的方式，进行头脑风暴。例如，多了解孩子的最新爱好，或者和孩子一起参加舞蹈或足球练习。在这里说出你的想法。

_____

_____

A = ATTENTION 关注

还记得那句关于开店的老话吗？"地段，地段，地段！"如果有一句与之相当的育儿格言，那一定是"关注，关注，关注！"就是这么重要。

要让孩子感到自己被珍视，无论顺境逆境，父母都需要给予孩子关注。比如，女儿想让你看一下她刚刚写给知名作曲人和演员林曼纽尔·米兰达的那封4页的粉丝信，或者看她用毛绒玩具排练的一出戏，或者因为你拒绝一周3次带她去南瓜地而对你大发脾气。这些情况要求你停止当下正在做的事情，并把这件很有价值的东西送给你的孩子：你的注意力。

心理学家多萝西·沃尔特·巴鲁克曾说过："当你发现需要时，尽你所能满足它。"这是一句特别伟大的格言。当你发现孩子需要关注时，除了尽你所能去满足他之外，还可以做一些更明智的事情。

此 "一分钟" 非彼 "一分钟"

当然，我们不能一直满足孩子们的注意力需要。但是，请记住，哪怕只是一分钟也有价值。

当孩子要求你和他一起玩，听他讲故事，或者帮他完成一个项目时，不要急着说 "等一下" 来拖延。这样做，你就推迟了孩子的要求——而且，正如每个家长都知道的那样，后面你可能就没时间去做孩子让你做的事了。下次，试着用 "只玩一分钟" 来代替。然后把手头的事情暂停一分钟，做孩子要你做的事情（许多父母发现，随着与孩子建立起高水平的联系，不愿意将高水平联系的时间变短，自己在家待的时间更长了）。

作为在家工作的母亲，这个简单的概念已经成了我的口头禅。例如，不管我的压力有多大，都会努力完成这一章节！当女儿用她制作的新视频或拍摄的照片打扰我时，我很少拒绝她。通过在短期内放弃1—2分钟的时间，从长远来看，我为自己争取了更多的和平、安静和善意。

宝石时刻

这是第一次，但肯定不是最后一次，我们提到 "宝石时刻"（GEMS: Genuine Endearing Moments）。我们发现它是最好的工具之一，可以满足7种特殊需求中的任一种需求，尤其是对注意力的需求。宝石时刻基于 "真正的相遇" 这一概念，这个首字母缩略词让人联想到珍贵的珠宝，只要孩子需要，你就可以随时随地给他们。

宝石时刻就是集中注意力，涉及与孩子独特品质进行关联，可以持续20秒或更长时间，既可能开心，也可能不开心。它们的工作原理如下：
1. 站在孩子的立场上。
2. 进行眼神交流。
3. 试着去体察孩子的感受。
4. 与孩子进行肢体接触。用任何你觉得自然，而且他也喜欢的方式抚摸他的肩膀，握住他的手。

5. 活在当下，不要分心。你的大脑一直在喋喋不休，不停地做出判断，但请把音量调低几分贝，把所有的注意力都放在孩子身上。

6. 倾听。让孩子引导谈话，自己少说话或不说话。用鼓励性的语言或手势和真正的兴趣承认他所说的话，例如，"嗯""哦""酷"或"哇"。

宝石时刻往往任何时候都很有用，而事实证明，当孩子们面临压力——新出生的弟弟妹妹、学校、搬家、处于极度失望中，等等——集中注意力尤其有用。我们中的很多人已经给了孩子"宝石"，但我们可能还没完全注意到这一点。每天送3颗"宝石"，你一定不会后悔的。

给父母的"贴心"建议

● 寻求孩子的帮助。当你实在无法从正在忙的事情中抽出身来，但注意到孩子正在寻求你的关注时，可以尝试通过寻求她的帮助来把她拉入你正在做的事情中（在杂货店，你可以说："你能帮我挑5个苹果放进购物车吗？"）。但要确保手头的任务和她有关系（否则只是免费劳动）。

● 让孩子说话。关于注意可以拆分为3个步骤：（1）停止—放下。停下手中所有的事情，关注当下。（2）观察。平视孩子。（3）倾听孩子说话，不评判、批评或打断孩子。任何人任何时候都有发言权。这就是为什么让孩子们保持沉默是如此的没有力量，让他们说话（哪怕仅仅是学校朋友2分钟的对话都能讲成20分钟的长篇大论）是一种礼物。

改变育儿任务：3个宝石时刻

写下你今天和孩子在一起的3个宝石时刻。

_____

_____

真实案例!

在了解了宝石时刻之后，我们认识的一位妈妈正在寻找与女儿建立联系的好机会。一天，她下班回家，发现女儿非常兴奋，女儿想给她看一些在院子里玩耍时发现的东西。不一会儿，这个女孩就给妈妈送了一条菜虫，妈妈说"好像这是她一生中发生过的最了不起的事情"。妈妈的第一反应可以理解："这太恶心了，把它拿出去。"但她停了下来。她告诉我们："我记得和孩子一起拥有宝石时刻的力量。当她谈论花园菜虫的所有炫酷特征时，我选择了待在现场，享受和她在一起的时光。我现在尽我所能打开宝石雷达，抓住每一个可以与她深入交流的机会。"

孩子用消极的行为来引起他人的注意

孩子高度要求关注可能非常棘手。

尽管所有的孩子都需要关注，其中一些孩子比其他孩子更需要关注，但他们对关注的要求有时似乎并不太恰当。比如说有这样一个孩子，他确实缺乏关注，但却打断了一场重要谈话，或者在你做饭时哭喊着要你去接他，或者你在打电话时拉扯你的衣服，以此来博取关注。在每一种情况下，给予孩子他渴望的关注也意味着允许他在那一刻违反你的限制或界限。

无声的关注

当我们忽视孩子时，他们的行为通常会升级，而不是消失。孩子会不断创造出越来越多的夸张动作来感受自己被倾听、被感觉、被理解和被爱。所以问题是：我们如何忽略这些恼人的行为，并与孩子建立联系呢？答案是：我们要给予他们无声的关注。

以下是3个步骤：

1.　避免目光接触。

2. 不要说话。

3. 当你继续专注于之前所做的事情时，轻轻地、平静地走向孩子，摩挲他的背部。

假设那个8岁的孩子一直打断你的谈话，你没有忽视、教训、羞辱、贿赂他，或者让他感到内疚，而是继续和朋友交谈，但同时，你走近孩子，蹲在他旁边，抚摸他的后背，避免眼神接触，也不和孩子说话。注意到他是如何在不打断你们谈话的情况下得到他渴望的关注的。

或者孩子在你准备晚饭时开始哭喊着要你去接他。当你继续搅拌汤或阅读食谱时，你爱抚着孩子，抚摸他的后背，直到他失去兴趣，开始做别的事情。

或者4岁的孩子在你接电话时不停地拽你的衣服。在不看孩子的情况下，你蹲下来抚摸孩子的后背，这样既能给孩子带来安慰，又不会让他打破你的个人界限。

再次强调，对注意力的要求是有问题的，因为你试图在不允许孩子侵犯你个人界限的情况下提供注意力。当孩子以消极的方式提出要求时，给予他们积极的关注会让他们觉得你是在"屈服"或强化他们的消极行为。无声的关注是一个巧妙的工具，可以回避整个问题。你忽略了孩子的行为，却没有忽略孩子。

L = LOVE 爱

孩子对爱的需求是当今为人父母者最容易误解的概念之一。我们都相信自己无条件地爱孩子，而且，在某种程度上，我们确实如此。无论他们做任何事，我们都依然爱他们。

但孩子们不这么认为。

对孩子们来说，爱不是无论周遭发生了什么，那种安安静静地坐在我们胸膛、散发出温暖的东西。爱是他们从我们的脸上看到的，从我们的声音中听到的。爱是我们对待他们的方式。无论我们说多少次"我爱你"，当孩子们认为我们对他们的认可或接受取决于某些行为时，就认为我们的爱是有条件的。

这也是奖励和惩罚之所以会成问题的另一个原因。孩子们会把奖励和惩罚理解为给予爱和撤回爱。孩子们看到，如果他们取得好成绩，举止得体，体育表现出色，和兄弟姐妹友好相处，或压抑自己的负面情绪时，就能得到我们家长的微笑、爱抚和认可。

当他们失败时，就得不到我们的爱。

虽然有时这对我们来说很难，但我们对孩子无条件的爱不能取决于他们的技能或行为。无条件地爱孩子意味着，无论如何，有他足矣。关于无条件的爱有这样一种说法："即使你保持现在的所作所为，也值得被爱。"

如果生命中最重要的人认为他们做得"还不够"，那么即使他们在生活中做了什么，或者取得了什么成就，他们可能都会认为自己做得"还不够"。

有趣的是，正如阿尔菲·科恩所指出的，孩子们倾向于挑战父母，把按钮推到父母关爱无法企及的非安全区域去。"我们所谓的测试限制，实际上是在测试父母对我们的爱是否有条件。"相反，父母应该说的是："无论你做什么，我永远、永远、永远不会收回我的爱。"

戈登·纽菲尔德称，无条件的爱是"孩子健康情感成长不可或缺的养分。孩子可能性格乖戾、令人不快、爱发牢骚、拒不合作、粗鲁无礼，但父母仍然要让他感到被爱"。毫无疑问，这可能是以心为本的教育中最难的部分。

当我们还是孩子的时候，有多少人因为做了"错"事而受到责骂？我们中有多少人遭受过父母的"表情"？你知道这个"表情"，那个怒气冲冲、眯着眼睛、翘着下巴的表情，还说："再敢这样做，你会后悔一辈子的。"

听着，所有的父母都会时不时地责骂孩子，他们不得不如此。再说一遍，没有人会要求父母完美，孩子们也是灵活和宽容的。

了解孩子们经常把惩罚性的交流解读为有条件的爱，却很有帮助。缓和手势，留意措辞，控制面部表情，都可以为孩子做一些美妙的事情。而且，未来他们也能感受到别人拿他们当成年人来对待。

一位智者曾经说过："我们接受自认为应得的爱。"的确，我们给予孩子们一个"正常"的准绳。现在我们和他们讲话的方式，未来可能成为他们希望别人与其讲话的方式。我们对孩子们缺点的耐心，或对他们个性的欣赏，将在多个不同方面影响他们的生活。

让孩子们并非为了我们的爱而卖力干活儿，而是让他们在爱中休憩，如此我们就解放了他们。

——戈登·纽菲尔德、加伯·梅特

给父母"爱"的小贴士

● 表达爱意，而不是把孩子的接受撤回。曾经你是否为了让孩子合作而放弃对他们的接纳？下次当孩子说了或做了什么令你失望或沮丧的事时，不要用行动或言语来惩罚她。相反，要满怀爱意，稍后自我反省，留意这如何改变了亲子互动的本质。

● "让孩子自己心怀希望。"无论你多么确定孩子在某一领域可能"有天赋"或"反应迟钝"，都要小心，不要在任何方向上向他们施加压力。"不要希望孩子们成为特别的人，要让孩子自己去希望。如果你恰巧遇见一位患癌孩子的父母，他们会告诉你，只要这个孩子在这个星球上活着，就足矣。"

改变育儿任务：你唯一要做的就是去爱

写下你爱孩子的3件事，与孩子擅长的事情无关。

你是孩子需求的守护者

著名心理学家阿尔弗雷德·阿德勒认为，孩子内心最深处的需求是"归属于"家庭，我们7种特殊需求的总和就是这种归属感。

你也许听到过这种老套的威胁，"这是我的家，我说了算，如果你不喜欢，到了18岁你就搬出去"。这里传递的信息与孩子们情感需求长时间持续得不到满足一样。"你不是我们家的人，这里也不是你的家，你在这里无足轻重。"

你可能会预料到，让孩子们在家庭之外寻求归属感会带来很多风险，情感饥渴的孩子更容易陷入不健康的关系，从事高风险的行为。在一定程度上，这是因为他们与主要照顾者的关系断开了，孩子承受了巨大压力。

匈牙利裔加拿大医生加伯·梅特曾说："情感孤独、无力感和压力正是促使人类上瘾的神经生物学因素。"

每个孩子都有7种情感需求，但孩子们对情感需求的程度有所不同。可能是因为其性格或环境，有些孩子更需要权力，有些孩子更需求关注，有些孩子更热衷于探索。我们不能以一个孩子比另一个孩子需求更多，而认为他有什么问题。

育儿顾问兼作家娜奥米·奥尔德特曾说："不要听媒体或祖母的话，要观察和倾听你的孩子，也不要理会任何观点。除了孩子自己，那些提供建议的人并不在这里长大，孩子才是自己需求的专家。"

当你读这本书时，请记住我们是孩子需求的守护者。学会从根本上认识孩子行为的需要，这永远不会太迟。优先考虑这些需求、支持这些需求或保护这些需求，永远不会太迟。

突然转变育儿方向，这永远不会太晚，从中获益也永远不会太晚。

你的需求优先

飞机上的安全说明告诉你，在给孩子戴上氧气面罩之前自己要先戴上氧气面罩。理由很充分，我们不能把自己没有的东西给别人。让孩子的情感银行账户保持充盈，与此同时，自己的资金却持续枯竭，这毫无意义。的确，我们有责任帮助孩子满足他们的需要，但如果我们忽视自己，我们更有可能管得太多或关心过度，以满足自己未满足的情感需求。我们也更有可能变得愤愤不平，失去耐心，把我们不快乐的时刻发泄在他们身上。

满足自己的需求不是自私的，而是必要的。

自我保健

人类有无穷无尽的方法来满足自己的需求，但父母和孩子之间的差异很大。下面是一些如何照顾自己的例子。圈出或突出那些对你有吸引力的，并酌情自己添加。

● 心智方面：读书，看纪录片，玩游戏，画画，缝纫，艺术创作，参观博物馆，学习新技能，写信，策划活动，写歌或诗，寻求帮助，与朋友约会，抽时间做自己喜欢的事情。

● 情感方面：大笑，哭泣，练习共情，写日记，抚摸动物，积极地自我交谈，原谅他人和自己的错误，花时间欣赏今天做得好的事情，理解触发情感的原因，制作"担心"盒子，听音乐，弹奏乐器，得到拥抱或拥抱别人，委婉地拒绝要求或请求。

● 身体方面：做运动或打游戏，徒步旅行，跳舞，锻炼，按摩，园艺，挤压力球，清洁，碎纸，做手工，做瑜伽，做志愿者，喝大量的水，每天服用维生素，午睡。

● 精神/个人方面：冥想，肯定，咒语，祈祷，看日落，阅读励志名言，设定一天的目标，以及聆听励志演讲。

有什么风险？哦，只有你孩子的自尊

我们已经讨论过自尊对儿童心理健康的重要性。孩子们的自我价值观会决定未来他们选什么工作，养成什么习惯，并与什么样的人结婚。孩子们究竟是如何形成自尊的，又是如何失去自尊的呢？自尊与长相、魅力、受欢迎程度或成绩有关吗？它是基于基因、文化还是气质？自尊是可以用金钱买来的，还是通过赞美和荣誉建立起来的？

这些问题的答案都是"否"。

信不信由你，孩子内心深处的自我价值感——也就是他们上大学时的自我价值感——几乎完全取决于他们能在多大程度上定期满足自己的7种特殊需求。是的，你没看错。一切都是为了需求。

多萝西·考克勒·布里格斯在《孩子的自尊》一书中解释：孩子的自尊是两种不同但同等重要的情感的结果，我们称之为两条腿。

第一条腿："我被无条件地爱着。"

无条件的爱不是父母对爱的感受，而是孩子如何感受我们的爱。当孩子认为我们对其认可或接受取决于某些行为（如成绩、成就、干净的卧室或其他方面）时，他可能认为我们的爱是有条件的。尽管大人告诉小孩说自己爱他们，但孩子长大后却常常感觉到自己不被爱，因为父母的"支持率"告诉他们事实并非如此。与此同时，许多没有听到父母说"我爱你"的孩子，在成长过程中却感受到了爱，因为他们在人生的每个阶段都感到被接受。

第二条腿："我有能力并且能够做好自己的事。"

在这种情况下，"有能力"和"能干"与孩子是否在某一领域拥有特殊才能无关。相反，这意味着孩子感到有能力满足自己的情感需求，并影响周围的世界。这直接关系到他需要感到自己很强大，清楚自己对行为具有一定控制力，而这些行为会对生活中的人和事产生真正的影响。

那么，人们就会明白，为什么无论什么都要包办的直升机式父母（"我来为你做！"）或过度保护的父母（"不要那样做！"）很有可能会损害孩子的自尊。这些父母们传递了一个明确的讯息："你没有能力。"对孩子期望过高或过低，父母传达出孩子没有"达标"或"无法处理"某些任务的讯息。最终孩子们感到自己不如实际表现得那么好。

孩子们很少质疑父母的期望，相反，他们质疑自己是否有足够的能力。

需要明确的是，虽然一个人可能在某些方面有自信（职业篮球运动员在球场上肯定会积极地看待自己），但这不是我们的目标，我们不是在寻找被分割的自我价值。一般来说，孩子（和大人）都需要有自我价值感。再说一次，自尊是一种无论你在做什么或有什么成就，都能对自己感到快乐的感觉。

在我们看来，孩子们生来就拥有他们所需要的所有自尊；我们的工作不是给他们更多，而是为了保存他们已经拥有的东西。

不幸的是，许多人仍然把自尊比作自私，把自我比作自负——这些概念都是对自己夸大了的或畸形的关注。瑞典作家杰斯珀·尤尔（Jesper Juul）在《能干的孩子》（*The Competent Child*）一书中写道，事实上，一个自尊高的孩子是一个"冷静、细致入微、接受自我形象"的孩子。即使这个孩子未必感觉比别人好，甚至可能不觉得自己在任何方面技巧超群或有天赋！但在内心深处，他认可自己，并认为自己是有价值的。

对我们这些家长来说，这就是圣杯。朋友们，不要搞错了：正是高度的自尊让孩子脚踏实地，让他们的眼睛指向未来。正是高度的自尊鼓励他们找到自己的激情，朝着自己的目标前进。正是高度的自尊帮助他们抵御欺凌，允许他们对自我毁灭的行为说不，并吸引他们去寻找那些以他们应得的方式对待他们的浪漫伴侣。

以心为本的父母会保护孩子的自尊，因为它强调无条件的爱，同时也表现出对孩子自助能力的信心。这是怎么做到的？下面的角色扮演练习将向你展示：

角色扮演：自尊的两条腿是如何起作用的

这里有个角色扮演的场景，要求父母们想象自己是一个在足球场上受伤了的6岁孩子，并站在孩子的立场上思考。设定很简单，你是一个踢足球的6岁孩子，刚刚哭着跑到父亲面前，指着膝盖上的伤口。

场景1：纵容型爸爸

纵容型的爸爸说："哦，你这个可怜的家伙！别哭了，爸爸会让你好起来的。来，让我给你洗一洗，拿个创可贴，然后你可以坐在我腿上，直到感觉好些为止。"

现在，作为一个孩子，问问你自己："我是否感觉到无条件地被爱？"

一般来说，在家长教育课上，家长们会说他们确实感觉到自己无条件地被爱，尽管这种爱可能会让人觉得有点像怜悯。

但你觉得自己能应付得来吗？

应付不来。如果有什么不同的话，那就是你明白了受伤是有好处的，别人应该让你感觉更好。像这样一个持续的反应模式，你的自尊很可能会受到打击，最终，变得过度依赖父母。

场景2：控制型爸爸

你跑向控制型爸爸，他说："哦，那只是一点擦伤！你是大孩子了，不要哭！振作起来，你很棒。你弟弟上周被割伤了，不得不缝针，也没有哭。"

你觉得自己能行吗？在某种程度上，你别无选择，也许，是的。

但你觉得自己是被无条件地爱着的吗？不！你才知道表露感情是不安全的，你不能指望爸爸来帮助你。像这样持续不断的反应模式，你的自尊无疑会受到影响。此外，你可能在情感上与父亲疏远，甚至在年纪还小的时候就向同龄人寻求支持。

场景3：以心为本型爸爸

你走到以心为本型爸爸身边，他搂着你，"看起来很疼！"他说。当你谈论发生的事情时，他会点点头，耐心地听着，直到你开始感觉好些为止。"你想怎么处理？"他问道。

"我需要一个创可贴。"你说。

"当然！"他说，"我们去拿一个创可贴和一块毛巾，然后你可以把伤口擦干净，再把创可贴贴上去。"

现在，你觉得自己是被无条件地爱着的吗？

当然，因为同理心就是爱的行动。

你觉得自己能行吗？

当然。毕竟，是你想出了解决办法，你会自己急救。你的自尊仍然很高，很健康。最棒的是什么呢？对你来说可能是一段糟糕的记忆，现在却成了爸爸向你展示多么爱你，你多么能干的一个机会。现在，让我们更进一步。你还是那个摔倒了的孩子，但10年过去了。

你已经是一个高二的学生了，有个对你刻薄的老师。纵容型爸爸会直接去学校面对老师，或者反过来说"老师还是老师"，把问题最小化。另外，控制型爸爸会责备是你造成了这个问题，贬低你的地位，甚至让你感到内疚。"你这次做了什么？"他责备道。还有以心为本型爸爸。他耐心地倾听，从你的角度思考问题，但不会主动介入解决问题，也不会让你因为一开始有问题而感到难过。

你明白我们要怎么做了吗？

如今，你26岁了，已经在全国各地跑来跑去。你有一份工作，但老板对你非常苛刻，你会怎么做？

如果在一个非常宽容的家庭长大，你向人力资源部门举报老板，或者向同事抱怨，希望其他人能解决问题。当这行不通的时候，你看不到走出困境的清晰路径，于是以一种消极的方式放弃了。

如果在一个控制欲很强的家庭中长大，你听任老板对你刻薄，留在你不喜欢的工作岗位上。直到你感觉在这份工作中被压抑贬低太久，但最终还是辞职了。

然而，如果在一个以心为本的家庭中长大，你几乎可以立即掌控自己的处境。你和同事或朋友一起集思广益，确定好解决方案，然后优先考虑自己的选择。你试着直接和老板对话，然后去找老板的老板。情况会好一点，但对你来说还不够好。你找到了另一份工作，然后辞掉了这份工作，感到自信和强大。你的工作经历并没有降低你的价值。

高度的自尊是心理健康最重要的因素。

——斯坦利·库珀史密斯

"表扬"的问题

"你做得很棒！""你做的我很喜欢！""我真为你感到骄傲！"从表面上看，这样的评论听起来很不错，是吧？读起来像是在鼓励你。额外的刺激能让孩子对自己的成就，甚至对自己感到满意。

然而，作为一种经验法则，应该避免表扬。表扬非但不能增强孩子的自尊心，反而会以一种潜在的方式摧毁它。鼓励——一个我们即将简要讨论的另一截然不同的概念——必须彻底取代表扬。

为什么呢？

在日常生活中，"表扬"可以指称赞、赞赏、赞同、祝贺或感谢。但在大多数父母那里，当然在本书中也如此，"表扬"只是一种赞同的表示，以美化孩子行为和成就，通常还会希望孩子重复这种行为。表扬的重点是父母的评价，而不是孩子的评价。

虽然我们很少意识到这一点，表扬通常是一种操纵形式。它让孩子期待我们的认可，而不是教她从内心寻找并证明自己的价值。尤其是当表扬被用来激励孩子沿着某条路走下去时，它就变成了一种控制的方法，和给予物质奖励没有区别。

表扬教孩子为了回报做事情，而回报则来自外部。事实上，在最极端的情况下，表扬几乎会让人上瘾，就像对更多表扬的需求一样（你可能听说过"赞美狂"这个词）。这是因为孩子得到的表扬越多，就越觉得自己必须取悦他人，也就越需要通过表扬来"感觉良好"。有些演员不是因为热爱表演才成为演员的，而是因为他们沉迷于掌声。

当掌声停止时，对自己的良好感觉也随之停止。

值得注意的是，表扬会让一些孩子，尤其是青少年，感到不舒服。和所有的评价一样，表扬会让青少年感到焦虑或内疚，尤其是当他们觉得自己不值得被表扬的时候。"对个性的直接表扬，"吉诺特写道，"就像阳光直射一样，让人不舒服，让人眼花缭乱。"

孩子不能执着于表扬，因为每一次失败都意味着表扬的消失。

——戈登·纽菲尔德、加伯·梅特

用鼓励代替表扬

现在，让我们把"表扬"和"鼓励"进行对比，虽然表扬和鼓励在全世界都可以互换，但在育儿界，鼓励是表扬的对立面。鼓励这一行为注意并支持孩子的行为或行动，它强调孩子的观点和看法，且通常赞扬成就背后的努力胜过赞扬成就本身。

我们怎么能确定自己是在鼓励而不是表扬呢？可以通过迅速问自己两个问题来确认：

1. **我的意图是什么**：操纵还是支持？

2. **谁的意见最重要**：我的意见还是孩子的意见？

假设孩子给你带来一幅画，然后说："看我的画！我认为这是我画得最好的一次！"了解到自己的意图是支持孩子，并进一步了解他的意见，你可能会说："哇！颜色真鲜艳！告诉我，为什么说这是你画得最好的？"

布里格斯，在孩子的自尊上做出了如下的区分：

● 表扬用的是判断的词语。

"你是组里最好的小提琴手！""你太棒了。"

鼓励用能引起注意的话。

"你的手指在小提琴上移动得真快！"或者"你演奏的时候看起来很开心！"

● 表扬可以是一种附加在议程上的操纵性的行为。

"好姑娘，洗碗你做得对！"

鼓励表示真诚的感谢，没有附加的条件。

"谢谢你帮我洗碗！"

● 表扬注重父母的想法和感受。

"你上了光荣榜！我真为你感到骄傲！"

鼓励注重的是孩子的想法和感受。

"恭喜你！这学期你学习很努力，你感觉如何？"

● 表扬强调成就。

"你赢了比赛！你是街区最快的骑手！"

鼓励强调过程。

"看你骑车！看来你很喜欢你的新自行车！"

4种替代表扬的方式

阿尔菲·科恩曾提出了4种替代表扬的方式。作为习惯于经常表扬的人，我们发现这很有帮助，想在这里分享。每当你觉得自己想说"干得好"时，试试这些"糖果"吧。

1. **陈述你所看到的。**

    "你画了一条船！""你把杂货拿进来了！""你上了大滑梯！"

2. **强调对他人的影响。**

    "阿姨被你给她的纸条感动了。""你给那个小女孩买了柠檬水，她高兴极了。""狗狗喜欢你那样爱抚它。"

3. **问问题。**

    "最难的部分是什么？""你是怎么挑选照片上的颜色的？""你最喜欢哪种泳姿？"

4. **什么都不说。**

    让孩子自己来说。

角色扮演：在行动中的批评、表扬和鼓励

用这个练习来阐明批评和表扬的距离我们比想象中的更近。设定：你12岁，带着成绩单刚回到家，成绩单上有3个A、2个B、1个C和1个D。

场景1：批评型妈妈

批评型妈妈看了一遍成绩单，"难以置信你竟然得了个D！"她说，"我对你很失望。你妹妹从来没有得过D，在成绩提高之前不许打排球。"

你是否注意到，妈妈注意的重点在她怎么想的，而且批评中夹杂着不必要的比较与惩罚，让你没机会分享自己的情绪或观察？你会感觉怎么样？这里传达了什么讯息？

在亲子课上，大多数角色扮演参与者表示感到沮丧和怨恨。他们没有机会讨论成绩得了个D，也没有机会庆祝得了A和B。事实上，如果这些课程所付出

的努力都会被忽略，那为什么还要努力呢？

场景2：表扬型妈妈

表扬型妈妈看了看报告，说："你得了3个A！真棒！我真为你骄傲。别担心那个D，是那个老师有问题，我知道他应该给你一个更好的分数。不管怎样，25美元一个A，15美元一个B，10美元一个C。真棒！你真是个聪明的姑娘！"

这又是一个外部激励的例子，不过是表扬加上奖励。现在，如果你是孩子，你会有什么感受？首先，你被教育要热爱好成绩（甚至有可能从中赚钱），而不是享受学校生活或热爱学习。事实上，你在课堂上的那些经历被认为是没有价值的。

老师给你打D，真的是老师的问题吗？或者你能做些什么？我们可能永远都不会知道，因为你不需要为你面临的挑战承担责任。

场景3：鼓励型妈妈

鼓励型妈妈说："你拿到成绩单了！"（陈述她所看到的）和"你觉得成绩怎么样？"（问问题）她等着你指出拿D这件事，而最终你也会这么做，她和你坐在一起感受你的感受。

她说："你看起来对拿了个D很失望，这学期你真的很努力。"（报告她所看到的，强调过程）当你说"是的，我对那个D很失望，我需要提高分数"，她说："嗯。你听起来很焦虑，我怎样可以为你提供支持？"（提供支持，赋予孩子权力）

尽管对于那些过分关注成绩和成就的父母来说，这似乎不太寻常，但事实上，这是一种最好的内在动力。这不是父母对成绩的判断，而是孩子的评价。这不是"让"孩子对得A感觉良好或对得D感觉糟糕，而是倾听孩子的真正感受，支持他踏上下一步的旅程。

所以扪心自问：如果你是这个孩子，你会有什么感受？获得了哪些讯息？

批评和表扬比你想象的更接近

	批评	表扬	鼓励
定义	表达消极的评价	表达积极的评价	鼓励其有勇气, 去鼓励, 激励
动机	外在的, 由他人评价	外在的, 由他人评价	内在的, 自我评价
父母的重点	工作和表现质量低	工作和表现质量高	努力, 进步, 毅力和决心
信息	你又没洗盘子, 我得告诉你多少次	你把盘子洗了, 洗得挺好的, 真棒	谢谢你帮忙, 非常感谢
教导	想什么/遵守, 孩子应该为别人而改变	想什么/遵守, 孩子应该为别人而改变	怎么思考/意识, 孩子应该为他自己改变
孩子的重点	失败	完美	因为做出了贡献而满意
自我对话	我做什么都不对	我必须是最好的, 否则就不参加了	我接受自己已经做了的, 并希望学习其他东西
生活教训	取得别人认可时觉得自己很有价值	取得别人认可时觉得自己很有价值	即使没有别人认可, 孩子也觉得自己有价值

在抚养孩子方面, 鼓励比其他任何方面都重要。很重要的一点是, 缺乏鼓励被认为是导致不良行为的根本原因。

——鲁道夫·德瑞克斯

■ **鼓励用语**

- "跟我说说。"
- "你感觉怎么样?"
- "你怎么看?"
- "你喜欢哪一部分?"
- "你是怎么做到的?"
- "看起来你在这方面花了很多精力。"
- "看起来你很喜欢!"

- "做你自己！"

- "想做就做！"

- "恭喜！"

- "你想怎么庆祝？"

- "我会为你欢呼的。"

- "我会为你着想的。"

- "我随时准备倾听。"

- "如果你需要我，我会在这里。"

- "我很高兴你是我的女儿/儿子。"

- "我喜欢做你的父母。"

- "教我你是怎么做到的。"

- "谢谢！"

- "多么有趣的观察。"

- "你是我们家庭的重要一分子。"

- "你的确有很多新鲜点子！"

- "你能做到的！"

- "你来决定，这是你的选择。"

- "你坚持你的信仰。"

- "你非常努力！"

- "你做到了！"

- "我爱你！"

我们不可能奇迹般地停止评价别人（甚至是我们的孩子），我们在一种评价的文化中长大，我们会做出很多评价。而验证，尤其是对我们的孩子来说，是一个很难改掉的习惯。但当我们了解评价是如何落在孩子身上的（即使它是积极的）时，我们可以开始减少表扬，并尽可能经常用鼓励来代替它。

改变育儿任务：停止表扬

写下3句你表扬孩子的话，然后用鼓励性的话语来进行重新措辞和改写。

需求工具箱

下面的技巧和工具如果经常使用，将有助于满足孩子（和你自己）的情感需求，保持亲子联系，保持孩子自尊心的完整性，并防止任何短期和长期的行为挑战。

- 问自己："此刻，我怎样才能满足孩子的情感需求？"
- 让孩子的情感银行账户保持充盈。
- 给日常生活增添乐趣。
- 移交与孩子年龄相符的职责。
- 每天提供3个"宝石时刻"游戏。
- 定期带孩子参加一对一约会。
- 给出具体的、双赢的、有趣的选择。
- 提供信息，而不是发号施令。
- 创建有效的家务系统，比如制作家庭任务轮。
- 考虑采用欣赏圈。
- 建立高水平的联系。
- 留出时间照顾自己。
- 注意自尊的两条腿。
- 用鼓励代替表扬。

请在这里添加你的笔记：

第四章

真相2

面对压力，所有孩子
天生就有神经性反应

域并非一个科学概念，我们发明这一概念是为了帮父母理解孩子与自己的强烈感情。就个人而言，从这一理念中获益匪浅，也希望你们能从中得到帮助。

当我们经历积极的情绪时，把这个域想象成我们的思维状态。当我们感到爱、喜悦、兴奋、感激、平衡和满足时，我们就处在这个域中。在该区域也有可能与人进行合作。在这里，我们可以更轻松地做出决定，发挥创造力，倾听他人的意见，并学习新的技能。当然，我们可能会在这个区域感到一些压力，但这种压力通常能帮我们完成任务，而不会让我们感到衰弱或挫败。

大多数时候，我们都待在这一域内，也希望孩子们大多数时候都能待在域内。但是，当然，没有人能一直待在这个域内。生活就是这样，人们说的话、做的事（还有发的推文）都会让我们误入歧途，并引发严重的负面情绪，包括极度的恐惧和愤怒。当这种情况发生时，我们就是"在域外"。我们无法冷静、理性地思考问题。我们已经变得精神失调，身体需要时间来恢复平衡。

域内
- 联系
- 沟通
- 学习
- 合作
- 自我管理

域外
- 不联系
- 不沟通
- 不学习
- 不合作
- 没有自我管理

再次重申，域的概念是一个艺术术语，这里没有硬性规定，我们敦促你用常识来判断自己或孩子是否已经离开了这个域，还是正在离开。经历轻微的痛苦情绪——如沮丧、恼怒或失望——当然并不意味着我们已经离开了这个域。但是一旦这些情绪积累起来，任何一件小事都可能激发我们的压力反应，然后我们就会离开。

大脑究竟是如何运行的

为了真正理解我们为什么离开这个域，以及一旦离开后如何回到这个域，首先我们需要了解一些关于大脑如何运行的基础知识。

大脑是解剖学中极其复杂的一部分。在这里，我们已经尽了最大努力在准确和清晰之间游走，但我们承认，接下来的只是大脑解剖和化学的一个假象。我们的目的是尽可能简单地帮你成为更好的父母，而不是成为更好的神经病学家。

简言之，大脑有3个主要组成部分：脑干（生存大脑）、边缘系统（中脑）和新皮质（额叶）。

1. 生存大脑

第一个区域靠近头骨底部，是脑干，也就是生存大脑。这是大脑最古老、最简单的部分，它控制着身体的基本功能，一出生就开始起作用，这就是为什么几乎一无所知的新生儿都能吃、睡和呼吸。脑干功能不需要语言，对任何感知到的危险威胁都很敏感，当婴儿饥饿、害怕或受伤时，脑干功能可以让他们哭泣。甚至爬行动物也有这种思维能力，因此你有时会听到脑干被称为"爬行动物的大脑"。

生存大脑反应通常被描述为战斗或逃跑反应，包括一堆以F开头的词语，如挺身战斗（Fight）、拔腿逃跑（Flight）、突然僵住（Freeze）、摇尾乞怜（Fawn）和昏迷晕厥（Faint），但这些都是指我们对极端压力的基本反应。当大脑意识到我们正受到威胁时，脑干会触发一系列的生理变化，使我们能够通过任何必要的手段生存下来。

战斗（Fight）：挺身战斗，抵抗威胁

飞行（Flight）：拔腿逃跑

冻结（Freeze）：突然僵住，完全静止，比如一头小鹿看见汽车灯光静止不动

奉承（Fawn）：摇尾乞怜，完全顺从，比如一只露出肚子的狗

昏厥（Faint）：昏迷晕厥

现在，这里有一个重要的细节：一旦生存大脑被激活，就无法迅速逆转。这是因为如皮质醇和肾上腺素等激素被释放到血液中，这两种激素都需要时间来消散。我们会心率加快，瞳孔扩大，视力受限，我们可能会颤抖，甚至听不见声音，血液被分流到大肌肉群，远离额叶和四肢，导致丧失精细的运动技能、判断力，有时甚至丧失语言能力。

2. **中脑**

第二个区域位于大脑中央，是边缘系统，有时也被称为"哺乳动物的大脑"。因为中脑负责记忆和处理情绪，判断和我们打交道的是朋友还是敌人，是可怕的还是可笑的。婴儿的中脑在6周大的时候开始在核磁共振成像中显现，这就是为什么大多数婴儿在这一时期开始微笑并带来惊喜。正是因为其情绪性，中脑被称为"哺乳动物的大脑"，它解释了我们在狗、猫和其他非人类哺乳动物身上看到的许多行为。

人类发展专家凯莉·孔蒂（Carrie Contey）解释说，哺乳动物的大脑都是关于连接的。当孩子们渴望联系却不得时，他们可能会抱怨或大惊小怪，可能会变得恼怒，或表现得暴躁。但他们真正想要的是有人与他们联系，让别人在情感层面上"看到"他们。

3. **额叶**

位于头骨顶部——就在前额的正后方——坐落着由两个大脑半球组成的新皮质，我们称之为额叶。这部分大脑是人类最大的，也是迄今为止发育最慢的部分。它负责所有高层次的思考：沟通、解决问题、逻辑、推理、灵活性、同理心、自我调节以及其他人类特有的能力。因此，额叶有时被称为我们的"人脑"。

与脑干不同，额叶功能需要语言能力。孩子们在1岁左右开始说话时，开始有额叶，但直到20多岁时，他们的额叶才发育完全。事实上，我们的额叶在一生中都在不断发育，这使得人们可以在成年后改变他们的行为（以及他们的育儿方式）。

大脑活动

大脑就是这样工作的。刺激击中你的感官——视觉、听觉、嗅觉、味觉、触觉——并立即在中脑与刺激相关的记忆和感觉结合起来。位于中脑的杏仁核，将刺激记录为危险或安全。如果刺激被认为是危险的，大脑会立即进入战斗或逃跑模式。所有其他情绪都被忽略了，额叶此时不起作用。只有生存大脑在工作，结果反应强烈。当我们处于生存大脑状态时，就完全不在这个域内。例如，你走在街上，一辆车径直向你开过来，你的大脑感知到危险，脑干告诉身体停止思考，然后你跳开了。

另外，如果你的感官认为刺激是安全的，大脑仍处于调节状态，之后额叶开始全面起作用，这意味着你完全可以进行语言和推理。

举个例子，你仍然走在街上，看到前面停着一辆漂亮的1964年产的阿斯顿·马丁。你的大脑感知到安全，而赋予你说话能力的额叶仍然掌控着一切。"这辆车可真拉风。"你这样想。

西格尔和布莱森把这个过程称为"低道路"或"高道路"。低道路是生存大脑模式，高道路是额叶模式。

可以肯定的是，我们的大脑对压力的反应是先天和后天的混合。一个人的基因很大程度上影响他对压力的特定反应，以及他承受压力的阈值，但生活经验同样重要。

不管这些变量如何，所有的大脑都以同样的方式处理压力。当一个人面临的压力被身体解读为过大时，就会进入生存大脑模式，在这种模式下，物理和化学反应会阻止其大脑更高功能的发挥。

有人叫我们冷静下来，这完全是徒劳。虽然我们可能表面上顺从，但我们的"内在"仍在继续。

——多萝西·考克勒·布里格斯

生存大脑既是我们最大的财富，也是我们最大的弱点。当脑干被真正的危险激活时，它可以拯救我们的生命。但当刺激被错误地认为是危险的时候，我们的生存本能会让我们陷入困境。生存大脑剥夺了我们的理性、推理或共情的能力，所以当我们处于这种状态时，我们对事物的典型反应被夸大了。我们会说一些随后令我们后悔的话，或者做一些随后令我们后悔的事情。此外，当生存大脑起主导作用时，我们往往会吓到所爱的人，这可能会触发他们的生存大脑——造成双重打击。

更糟的是，我们在生存大脑模式下的操作越多，就越难以置身事外。这不仅对我们的关系带来了风险，也不利于我们的健康。

大脑的哪个部位负责思考

在很多情况下，额叶与生存大脑是相反的。一种允许我们在没有错的时候

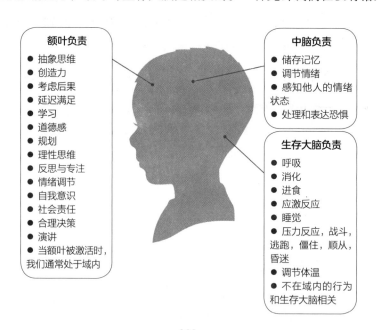

额叶负责
- 抽象思维
- 创造力
- 考虑后果
- 延迟满足
- 学习
- 道德感
- 规划
- 理性思维
- 反思与专注
- 情绪调节
- 自我意识
- 社会责任
- 合理决策
- 演讲
- 当额叶被激活时，我们通常处于域内

中脑负责
- 储存记忆
- 调节情绪
- 感知他人的情绪状态
- 处理和表达恐惧

生存大脑负责
- 呼吸
- 消化
- 进食
- 应激反应
- 睡觉
- 压力反应，战斗，逃跑，僵住，顺从，昏迷
- 调节体温
- 不在域内的行为和生存大脑相关

深入思考，另一种允许我们在事情发生时做出强烈反应。

长期压力对人类的影响

尽管一段时间的巨大压力是正常的，也不影响身体健康，但长期压力则不可取，也绝非良性。

以下是一些压力过大而抚慰不足所导致的结果：

● 压力饮食。因为压力会刺激大脑释放葡萄糖作为能量，人们发现维持血液中的高糖水平可以帮助他们"应对"长时间的压力，因此这是人们压力大时吃得过多的原因之一，他们在试图调节自己的身体。

● 自行疗伤。我们的身体渴望平衡，我们想要进入这一区域，并不断地寻找方法来达到那里。当孩子们，尤其是青少年，不知道如何以健康的方式做到这一点时，他们可能会自我治疗，割伤自己，或者有其他不健康的行为，试图回到这个区域。

● 健康状况不佳。高度紧张的环境会损害孩子的免疫系统，让孩子更难建立起稳定、健康的关系——这是导致从抑郁症到糖尿病等一系列长期健康问题的一个风险因素。

"突触神经元"以及自我调节的重要性

1949 年，心理学家唐纳德·赫布（Donald Hebb）创造了"赫布理论"（Hebb's axiom）：突触前神经元向突触后神经元持续重复的刺激可以导致突触传递效能的增加。赫布理论意味着，当我们接触到重复的经历时，与这些经历相关的感觉会嵌入我们的大脑网络中。我们可能不记得为什么会有这种感觉，但它们确实存在。例如，一个孩子因为在餐桌上打翻饮料而不断被打，他可能会持续感到恐惧，甚至在成年后听到玻璃杯掉落的声音时还会退缩。

这并不是说大脑一旦发育成熟就不能改变，大脑是可以改变的。神经科学的另一个相对前沿的研究发现，大脑的可塑性，意味着我们的大脑是灵活的、不断进化的。有可能创造出新的联想，像往常一样来"改变"我们的想法。但正如赫布的研究表明，某些思维模式，尤其是那些与压力有关的思维模式，是很难改变的。如果父母在孩子出问题的时候没有自我调节能力，那么孩子就会对压力产生强烈的负面情绪联想，而且他们以后还必须加倍努力才能把这些反应联系起来。

回想一下，应激反应中首先发生的是，传入的信号与中脑中过去相似的记忆和情感相结合。当我们进行自我调节时，开始与那些对我们自己和孩子来说可能是非常有压力的刺激产生更积极的联系。当孩子发脾气时，我们保持冷静，大脑将不再自动地做出愤怒或恐惧的反应，因为这将不再是我们与发脾气联系在一起的唯一反应。同样地，孩子的大脑也会开始把爱和平静的反应与那些带来压力的事情联系起来，他们也会开始学会以一种更平静的方式处理压力。

举个例子，有些孩子年龄还小，还没做好上幼儿园的准备。不过，即使是那些准备好了的孩子，一开始也可能会对上幼儿园感到焦虑。幼儿教师普遍表示，当父母对送孩子上幼儿园感到焦虑或内疚时，孩子的焦虑往往会明显得多。平静的父母送的孩子通常也平静，而焦虑的父母送的孩子通常也焦虑。

很容易理解，为什么最好通过榜样来实施学习自我调整技能，而不是在以后的生活中学习，我们越早向孩子们展示如何让自己平静下来，他们就越有可能在成年后自然让自己平静下来。这种试图避免和管理由虚假威胁引发的极端情绪的过程，我们称之为自我调节。

生气时，父母可用此方法回到域内

最近，在宜家的橱柜区，我们注意到一位爸爸正和他4岁的女儿一起购物，或者更确切地说，正试图购物。他显然很难阻止那个女孩跑开（你可能会惊讶地发现，比利书柜对普通学龄前儿童没什么吸引力）。

几分钟后，父亲试图把女儿关起来，却感到越来越强烈的挫败感，他生气了，把女孩拉到身边，用刺耳的声音说："你快把我气疯了。"小女孩很快就哭了。但我们不是在这家瑞典家具卖场里到处打架的白痴，所以没有把自己的想法告诉这位爸爸，但我们想把这些告诉你。

他错了。

首先，他没能保持冷静，把孩子推进了生存大脑模式。其次，他把自己的失控归咎于一个学龄前儿童。

任何事情，就其本身而言，都无法"让我们生气"——或者感到失望、嫉妒或愤怒。正如没有什么能让我们快乐一样，我们的身体、大脑和荷尔蒙造就了我们的情绪状态。愤怒和快乐都是自己的事，这也是为什么一个笑话能让一个人大笑，而让另外一个人蹙眉。笑话本身不会引起某种特定的情绪，而只是一个催化剂。它可以引起多种情绪，或者无法激发任何情绪，这取决于听到笑话的人的大脑。

这是个陌生的概念，但对孩子来说却非常重要。

当我们告诉孩子们，他们"让我们生气"，就像宜家故事中的爸爸那样，我们传递了一个完全错误的信息，那就是孩子在某种程度上要对我们的感受负责——如果这种信息随着时间的推移而加强，可能会导致怨恨、反叛或其他负面行为。

事实上，孩子们根本不会对我们施加那种力量，没有人可以。

现在，对宜家爸爸来说，他有两个主要问题。第一，他需要一个书架（那些育儿书籍不会自己整整齐齐地摆在书架上）。第二，他需要确保女儿的安全（如果她离开，就会有迷路或受伤的危险）。

但在这种情况下，爸爸并不是无辜的。他的期望与现实不符。他带着一个4岁的孩子去宜家，在她大哭的情况下，希望她不要乱动。

我们很多人都有过这样的经历。重点不是批评打击宜家爸爸（他不得不把那个书架组装起来已经算是惩罚了）。用他来举例是为了说明，意识到大脑的压力反应可以更好地让我们用以心为本的方式来处理棘手的情况。

可以肯定的是，有些事情会让我们离开这个域，尽管我们抱着与之相反的期望。讽刺的是，我们最需要将其留在这个域的人（我们的孩子）往往就是那个把我们赶到域外的人。父母常常被孩子的无辜行为所触发，然后将这些触发视为真正的威胁。例如，2岁的孩子把酸奶抹到崭新的沙发垫上，或者9岁的孩子"砰"的一声关上卧室的门，或者15岁的孩子把她生活中发生的一切坏事都归咎于我们。

但如果我们能——我们都能——保持头脑清醒，就能给孩子和自己一份美好的礼物。

孩子是刺激源，不是导致你愤怒的原因，也不会为你的情绪负责。

——娜奥米·奥尔德特

从严苛的反应者到深思熟虑的响应者

在旧育儿范式下，父母是反应堆。如果刺激他们的感官，他们会对此迅速作出反应，且反应往往颇为严苛，这种育儿方式来自本能，而非以心为本。

旧范式：

刺激

↓

严苛行动

新的育儿范式强调额叶活动，需要我们受到刺激后有所犹豫，从而创造机会，让我们深思熟虑，做出更审慎的反应。每个人都可以训练自己成为响应者，而非行动者。区分这两者也不难，事实上，当我们把这种犹豫分解成3个不同的步骤时，区分两者会变得更简单。我们将这3个步骤称为"暂停—呼吸—询问"法，它们是父母最趁手的工具之一。

新范式：

刺激

↓

暂停—呼吸—询问

↓

深思熟虑的响应

第一步：暂停

当你面对情绪刺激，感觉自己正要从这一域滑出来时，首先要让事情慢下来。有意识地按下内心的"暂停"键。然后静止不动，停在那儿。不要说出你脑海中的第一个单词（甚至第二个单词），不做任何事。好好休息一下。

同样，感到沮丧、被激怒或生气也没关系。与其羞辱自己或否认自己的敌意，不如承认自己的感受。但此时，在脑袋中讲话或行动不会有任何成效。当然，在某些情况下，你会立即产生强烈的情绪反应。当朱尼尔一只手拿着剪刀，一只手带着他的小妹妹全速奔跑时，你很可能会大叫。我们并非在谈论这些（希望这样的事情不常发生）情况，而是在讨论其他方面。

只要有可能，给自己几秒钟的时间，让自己停下来，振作起来。

第二步：深呼吸

当你暂停时，先来几口深呼吸，吸气，屏住呼吸，然后再呼气，如是重复。你吸气越多，呼吸越深，身体就会变得越平静。记住，你在处理生存大脑的自然反应，脑干释放大量的荷尔蒙进入血液，实际上限制了额叶的血液供应。做几次深呼吸，就能给大脑皮层带来氧气，从而使域内思考成为可能。根据愤怒或恐惧的程度，最长可能需要一个小时才能真正回到"正确的思维"中。但即使深呼吸几次，也能让你的紧张感消失，有足够的时间进入第三步。

第三步：询问"孩子此刻需要什么？"

你暂停下来，没有贸然反应，做了几次深呼吸，让身体恢复。现在你已经准备以一种有分寸的方式来应对这种情况。在决定如何回应时，你问自己："我的孩子此刻需要什么？"记住，你的意图不是控制或操纵孩子以某种方式行事，不是阻止他们情感流露，而是成为一个富有爱心的榜样，以加深亲子关系，增强孩子自尊心，应对挑战。

通过问孩子此刻需要什么，你开始练习同理心，把注意力从自己身上转移到孩子身上。你可能想大喊大叫，可能的确需要大叫一声，但这并非孩子所需要的。

通过询问孩子此时此刻需要什么，你将注意力转移到了此时此地。如果孩子发脾气时向你扔了一块拼图，你可能会认为孩子需要学会尊重别人，或者不要伤害别人。你是对的，但这不是孩子此刻所需要的。如果你的孩子在发脾气，她就不在这个域内。彻底停下来，她已经吸取了最大的教训，她首先需要的是充满爱意的父母，做出自律的榜样。

"亲爱的，我知道我们现在都很生气，"你可能会说，"我要去给自己倒杯水，好让自己冷静下来。你也想要杯水吗？"

暂停—呼吸—询问法的目的是让身为父母的你回到域内，准备好用以心为本的方式回应孩子。通过暂停，你中断了战斗或逃跑的生存反应，并创建了新的关联。通过呼吸，你让身体有足够的时间和氧气来从天生的压力反应中恢复体力。当你询问孩子在这一刻需要什么时，会强迫自己进入功能更强大的额叶大脑部分。

响应者 VS 反应者

在这本书中，你会发现许多关于响应和反应的参考资料，我们不能把这两个词互换使用。当我们说"响应"时，指的是以深思熟虑的、有分寸的方式来回复孩子。当我们说"反应"时，指的是草率鲁莽地回答。

选择零和博弈的情况	欣赏
控制并操纵	连接
不联系	加深关系
恐吓	同情
寻求平等	鼓励
降低孩子的自尊	引导
惩罚、威胁和贿赂孩子	放下小事
收回爱	做榜样
大喊大叫	提供双赢的解决方案

选择零和博弈的情况	欣赏
反应者会感觉：	响应者会感觉：
愤怒	平和
沮丧	有信心
与孩子失去联系	与孩子紧密联系
失去权力	有权力
不受尊重	受重视
怀疑	相信
盲目的	理性的
消极	积极的
悲伤	快乐的
压力	强大的
不平衡	平衡
无意识	有意识
担忧	放松

在刺激和响应之间有一个空间，在这个空间里，我们有能力选择自己如何响应。

——维克多·弗兰克

真实案例！

　　一天，一位父亲和年幼的女儿正在享用午餐，突然，女孩生气了。她把自己那杯牛奶丢到房间另一边，把汉堡扔到地上。"正常情况下，"父亲告诉我们，"如果没上以心为本的育儿课程，我应该会很生气，对女儿的声音也会提高八度，并坚持要她清理烂摊子，然后带她回房间，关禁闭。但上了育儿课之后，我采用了新技能。在她把食物扔在地上之后，我让自己'暂停'，然后想'她需要什么'。"他意识到女儿一定是太累了，于是轻轻地抱起女儿说："你看起来很累。"她点了点头。"去睡一觉吧。"他对她说。他把她抱到床上，她一边看书，一边依偎在他的胸前睡着了。

放到桌面上来讨论

如果你已经被激发并需要处理孩子的行为——有时就是这样——一种解决办法是把讨论放在桌面上，直到坚定地回到正题。请记住，如果你只是刚刚回到那个域，你很可能会因为一点点挑衅而退出。给自己写个便条，或者在下次家庭会议的议程上增加一个项目，然后做一些让你感觉良好的事情。当你和孩子都在一个更好的地方，感到平静和理性时，重新审视这个问题。不会有任何损失。

改变育儿任务：制作"暂停"键

在以心为本的育儿课堂上，每位家长都被要求做一个身体上的"暂停"键，它可以是任何东西。我们见过有父母把一颗纽扣粘在磁铁上，削出一个木制的按钮做钥匙扣，或者只是在冰箱上贴上一个大红点——怎么样都行。制作"暂停"键可以让父母够得到，伸手去摸，或者放在口袋里，提醒自己暂停联系。如果你时常发怒，或者难以控制自己的愤怒，也可以考虑做类似的"暂停"键。

父母与孩子之间的感官体验差异

感官体验是涉及一种或多种感官的感觉体验，包括肢体动作、视觉、听觉、嗅觉、味觉或触觉。父母和孩子之间的感官体验差异很大。

感官体验

感官体验不仅是一个概念，而且是一种工具。当我们每天都使用感官体验时，它不但能阻止我们被驱逐出这个域，而且能帮助我们在大脑域外感觉更好。

人们并不缺乏感官体验，诀窍在于找到适合你和孩子的方法。我们提供了一些感官体验的例子，这些例子来自以心为本的课堂上家长们成功使用的例子，但这个列表只是让你开始，并提供一些想法。你需要找到适合自己的体验，并找出适合孩子的体验。

肢体体验

- 深呼吸（深呼吸是终极肢体感官体验。有很多不同的呼吸练习，但最基本的是：深呼吸，保持几秒钟，然后慢慢地呼气，然后再重复）
- 跳舞
- 徒步
- 锻炼
- 跑步、跳绳
- 拉伸
- 游泳
- 散步

视觉体验

- 看备忘录
- 看一幅美丽的图画或油画
- 翻阅相册
- 坐在大自然中
- 想象一些平静或快乐的事情
- 观看日出或日落

听觉体验

- 倾听另一个人的心声
- 聆听大自然的声音——鸟类、瀑布、海洋的声音
- 聆听鼓舞人心的演讲
- 听诗歌/童谣
- 听风铃响
- 听音乐演奏

嗅觉体验

- 洗泡泡浴
- 蜡烛
- 鲜花
- 正在烹饪的食物

- 新鲜出炉的饼干
- 熏香或精油

- 乳液
- 大自然

味觉体验

- 嚼口香糖
- 喝一杯热茶或一杯冷水

- 吃零食
- 吮吸糖果、奶嘴、拇指

触觉体验

- 感受柔软的毯子
- 拥抱、握拳、击掌、抚摸动物（研究表明，当人们手术前抚摸动物时，他们需要的镇静剂会减少三分之二。原因是什么？虽然动物不会说话，但人们感受到了爱）
- 挤压压力球
- 淋浴或洗澡
- 穿着毛绒拖鞋

作出自我调节的榜样并不容易

作为家长，我们往往倾向于保护孩子免受世界伤害，也不想让自己的问题给他们带来负担。但除非我们以适当的方式向他们敞开心扉，和他们分享我们的感受，否则我们就剥夺了他们真正理解的机会。为了给孩子做出有效应对压力的榜样，我们要让他们看到我们在面临压力时如何表现。

所以当你下次感到愤怒、受伤、害怕，或者只是被压力压得喘不过气来时，让孩子进来吧。告诉他们，爸爸或妈妈正在经历一段艰难的时期，对一些同事感到非常生气。告诉他们，当那个疯狂的司机超车时，你很害怕。然后让他们知道你在做什么，分享你是怎么自我调节的。告诉他们你需要做几次深呼吸来平复一下。告诉他们你很生气，需要听点音乐才能恢复状态。

改变育儿任务：怎样才能留在域内？

说出一些你认为可能有助于保持清醒的健康感官体验，然后说出那些可能帮你回到域内的感官体验。本周就试一下，看看是否马上就有效果。

_____

_____

自我调节工具箱

当你的情绪被激发，不由得感到愤怒，而不是深思熟虑地作出响应时，使用这个工具箱。例如，孩子多次对你不屑一顾，大叫"不！"拒绝按照你的要求去做，打破限制，无视你，打你，让你难堪，把屋子弄得一团糟，用讽刺的口吻嘲笑你，或者只是惹怒了你。

- 停下来，深呼吸，然后问："我的孩子现在需要什么？"
- 做一个响应者，而非反应者。
- 放到桌面上来讨论。
- 给自己一个感官体验。
- 成为自我调节的榜样。

请在这里添加你的笔记：

_____

_____

是什么把孩子赶到了域外

和成年人一样，在任何情况下，孩子也会因为各种原因而产生应激反应。事实上，是什么导致了孩子的压力，以及她如何应对这种压力，取决于包括发育、气质和生理在内的多种因素。

例如，7岁以下的儿童，由于额叶发育不全，极易发脾气。性格谨慎的孩子比天生爱冒险的孩子更容易产生恐惧。适应较慢的孩子更容易因改变而感到压力。同样，孩子的身体状况，无论是累了、饿了、病了还是过度兴奋，都在很大程度上促使孩子们离开这个区域。

但惩罚是少数我们能控制且能引起孩子压力的事情之一。我们已经讨论了改变育儿模式是如何帮助父母不再使用惩罚的。但我们希望花些时间关注一些被许多人认为更温和或更可以接受的惩罚形式，并深入研究它们与童年压力的关系：中止和逻辑后果。

中止的时间到了

父母经常使用中止这种方式，因为他们想给孩子时间冷静下来，或者反思他们做了什么。许多家长认为，中止可以教会孩子们做事情有什么样的后果，他们认为中止管用。

但现在是时候取消中止了，原因如下。

中止：强制隔离孩子一段时间，作为孩子对不可接受行为的反应。

首先，大脑扫描显示，中止的影响类似于身体疼痛。就像打屁股给孩子们带来身体上的痛苦并不能让孩子们平静下来一样，强迫中止造成的情感伤害也无法让孩子们平静下来。

事实上，从神经学的角度来看，身体伤害和情感伤害之间的区别是很小的。正如思维研究所的丹尼尔·西格尔博士所写的那样，"大脑成像显示，由拒绝引起的关系性痛苦和肢体疼痛形成的大脑活动类似"。这是因为中止似乎让家长觉得，只有当自己完美无缺，做到尽善尽美时，他们才有兴趣和孩子在一起，这让孩子觉得就像挨了巴掌一样痛苦。

通过这种方式，中止在孩子的大脑中扮演着严重的压力源的角色，其作用和其他压力源一样，把孩子推入情绪低落状态，挤到域外。孩子韧性很强，迅速治愈，尽管受到了惩罚，但他们的伤口随着时间慢慢消失，而不是因为惩罚伤口才消失。

"当我们威胁说要约束孩子时——无论是通过言语，还是语气、姿势和面部表情等可怕的非言语表达——我们激活了孩子生存大脑的反应性防御回路。""我们把这叫做'戳蜥蜴'，我们不建议这么做。"

其次，孩子们在中止中没有学到任何积极的生活经验，他们也无法学到。当他们受到惩罚时，孩子们就会被推向生存大脑，而所有高级学习发生在额叶，他们只能有限地接触额叶，甚至无法接触额叶。对孩子大喊大叫，然后要求他道歉，或者让孩子中止活动，然后希望他能"长时间、认真地"思考他所做的事情——从神经学的角度来说，这些行为的成功概率为零。这并不是说孩子们不能从中止中学到任何东西。他们学到了很多，但这并不是我们想要教他的。

"家长可能认为，中止会导致孩子……反思他们的行为，"西格尔和布莱森说，"但相反，中止通常会让孩子们变得更愤怒，更不受管束，让他们更难以控制自己或思考自己做了什么，而更专注于父母惩罚他们时的刻薄态度。"

他们说，孩子们在这些失调的时刻所需要的不是说教或教训，而需要规矩，需要别人帮他们回到中心，回到域内。他们需要监管的帮助。他们需要帮助回到中心，回到禁区。作家简·尼尔森说："我们从哪里得到这样一个疯狂的想法，必须让孩子们感觉不好，然后他们才能做得更好？"

最后，中止最糟糕的一点是，它会立刻消除孩子所有的情感需求。当孩子们处于中止状态时，没有微笑，没有权力，不去探索，不去进行联系，感觉不到被重视，没有得到关注，也不被爱。事实上，它传递了一个扼杀自尊的信息：我们的爱是有条件的，我们的孩子有时不值得我们陪伴。中止实际上不过是"爱的退缩"。规矩点，你就会得到我们的爱；行为不端，你就得不到我们的爱。

经过一段时间的使用，我们创造了一种不正常的交流模式，这种模式会让孩子在未来几年远离我们。这很有道理。随着时间的推移，一个孩子经常受到中止（或任何其他技巧或噱头）的惩罚，他与父母就越来越无法进行有效沟通，没有人教他如何解决冲突。他没有机会去尝试自己把事情做好。

很多孩子在有问题的时候会把自己隔离起来。他们待在自己的房间里，不和父母说话。朋友变得更加重要，他们会和朋友商量，寻求他们的支持。

泰和琳达清楚地记得一个又一个的例子，在这些例子中，他们认识的父母贿赂、奖励、乞求，甚至要求沉默寡言的孩子走出房间。具有讽刺意味的是，正是父母之前的行为教会了孩子自我孤立。

强迫隔离的影响在青春期之后依然很强。在以后的生活中，许多成年人发现他们很难与所爱的人开诚布公地进行诚实有效的沟通，因为他们在孩童时期从未有机会锻炼其沟通技巧。

中止并不具创新性，只是让"调皮"孩子站墙角这一过时做法的升级修改版。

——阿黛尔·法伯、伊莱恩·玛兹丽施

中止仍然是一种非常流行的管教孩子的方法，但像各种惩罚一样，其在很多方面都达不到我们的要求。除了我们提到的原因，中止还会：

1. 把孩子从域中推开，或阻止其进入该域内。从生物学上来说，中止似乎会让事情变得更糟糕。由于被惩罚孩子的身体会对惩罚做出生理应激反应，他们现在学不会，未来也学不会自我调节。

2. 只治标不治本。采用中止的手段只能暂时解决行为问题，但父母却没有机会去理解导致孩子某些行为的真正原因，并解决问题。

3. 作为通向其他惩罚的通道。当孩子们长大后中止不再管用时，家长们往往会感到有压力，他们会以其他惩罚来威胁他们"坚持到底"，中止常常让位于取消特权、玩具或有趣的体验。

4. 让孩子觉得自己是隐形的。父母让孩子中止活动，这样父母的生活就会更快乐。中止的时候孩子感觉自己被遗忘了。事实上，有时父母确实忘记了他们让孩子中止这回事。

5. 充当操纵工具。"好了，你被中止了！"或者"如果你不停止这样做，我会让你中止活动！"父母通过恐惧、内疚和惩罚来激励和控制孩子。

6. 树立了"报复"的榜样。家长的态度通常是："我要给你一个教训！"这看起来很像报复，当孩子们看到这个榜样，很快就学会了自己报复发泄。

7. 成为一个只有孩子的地方。作为家长，我们需要重新考虑中止过程。毕竟，谁真的需要中止呢？当父母对孩子的行为感到愤怒或沮丧时，父母才是真正需要暂停的人。为孩子作出自我调节的榜样是非常重要的一课，它让我们有机会冷静下来，为孩子和他的行为思考出一个健康的、尊重的反应。

8. 根本不尊重孩子。孩子们和我们一样讨厌被人不尊重。然而，我们不断地惩罚他们的行为，这非常不尊重他们。他们也被剥夺了选择和学习的机会，比如真实地表达自己的感受，倾听他人的观点，创造双赢协议，为自己的行为负责。

9. 扼杀孩子们合作的意愿。数十年的研究表明，如果父母在一段时间内频繁地使用惩罚，孩子可能因此变得更加外因驱动，来避开惩罚。也就是说，他们很难自我激励。仅仅为了善良而善良是不够的，他们需要知道，如果他们按照你想要的方式行事，他们会从中受益。

10. 制造叛乱。远离父母是一个正常的成长阶段。当青少年开始坚持他们的独立性时，这看起来有点像叛逆。但严重的叛逆——只向同龄人而不向父母寻求指导，逃避家庭的价值体系，寻找伤害或激怒父母的新方法——不是正常的青少年行为。托马斯·戈登曾说："我现在确信，青少年不会反抗父母，他们只是反抗父母普遍采用的某些破坏性的管教方法。家庭内部的混乱和纠纷可能是个例外，而不是常态。"

改变育儿任务：回忆你小时候受到的惩罚

回忆你小时候受到的惩罚。发生了什么事？为什么？在下面的空白处，首先写下父母是如何惩罚你的，以及你当时的想法。你感觉如何？然后，在你完成这些之后，重写一下你的父母如果使用了以心为本的育儿技巧，他们可能会如何处理这种情况。他们可能会说些什么或做些什么呢？这对你和父母的关系有什么帮助？它是如何增强你的自尊的？

事情是怎么发生的：

_____

_____

它可能如何发生：

_____

_____

逻辑后果——一种不合逻辑的育儿选择

逻辑后果是一种有某种逻辑的惩罚，与孩子的行为有关。例如，一个8岁的孩子今天超过了规定的看电视时间，第二天父母就不允许她看电视。一个4岁的孩子拒绝捡起洋娃娃，父母这一天其余的时间都不许她玩洋娃娃。一个17岁的孩子超过宵禁时间回家，就被父母禁止夜间外出两周。

逻辑后果：父母或监护人对孩子的行为施加的惩罚，与孩子的行为有某种逻辑联系。逻辑后果是惩罚的同义词。

有些父母接受逻辑后果，因为它们的确合乎逻辑。逻辑后果似乎是有意义的，让父母感到自己有所反应。家长们常常认为，他们必须向孩子们表示，他们的消极行为是不可接受的，因此必须采取措施。

问题是，合乎逻辑的后果只是披上羊皮的惩罚。他们像其他任何惩罚一样落在孩子身上，也带来了同样的结果。正如Aha育儿创始人劳拉·马卡姆所指出的，最新的研究将逻辑后果作为一种有害的育儿工具。马卡姆说，就像其他惩罚一样，逻辑后果可能会"奏效"——但要付出代价。

"逻辑后果"就是我所说的"轻惩罚"的一个例子，轻惩罚相比惩罚是一种对孩子更友善、更温和的方式，但仍然不及和他们并肩奋斗。

——阿尔菲·科恩

强加后果的意外后果

当父母将某种后果强加到孩子身上，即使这种后果合乎逻辑，可能阻止孩子的不规矩行为，但其在孩子身上唤起的情感和行为根本难称积极。请看所有惩罚的一些意想不到的后果，包括合乎逻辑的后果。

● 愤怒	● 害怕尝试新事物	● 反抗
● 攻击	● 战斗或逃跑反应	● 拒绝承担责任
● 指责	● 隐藏情绪	● 回归
● 命令	● 讨厌失败	● 抗拒
● 欺负	● 敌意	● 报复
● 欺骗	● 缺乏创造力	● 复仇
● 服从	● 自尊心弱	● 拒绝与父母沟通
● 顺从	● 说谎	● 屈服
● 蔑视	● 消极主义	● 搬弄他人隐私
● 支配	● 因为恐惧而服从	● 退缩
● 逃脱	● 密谋反对父母	● 幻想如何能够复仇

正如我们在本章中所强调的，因为惩罚是压力源，其最直接的影响几乎总是把孩子赶到域外。

孩子在域外会经历的3个阶段

孩子越接近生存大脑模式，就越有可能表现出战斗或逃跑的行为。一些典型的战斗型反应与"坏孩子"有关，而逃跑型反应可能与"好孩子"有关，两种都不健康。

战斗反应	逃跑反应
争论	过分地道歉
变得防备心强	通过喝酒或暴饮暴食来改变心情
仇恨心理	否认
指责	嗜睡，沉迷于电子产品
伤人地批评	感到不足
陷入权力斗争	放弃
参加高风险活动	回应呈现"无所谓"的姿态
沉默以对	缺少联系
放弃，抱怨	离开房间
打，踢，掐，拽	说谎
侮辱	编造借口
缺少联系	过分爱抱怨
转移愤怒目标	从亲密关系中退缩
惹父母生气	自我伤害
咒骂	拒绝沟通
威胁	退缩
发脾气	讽刺

发脾气的3个阶段——以及该怎么办

孩子脾气暴躁是大脑未完全发展产生极端情绪的结果，大约从两岁半开始。发脾气的根本原因包括饥饿、疲劳、疾病，当然还有父母对他们行为的限制。

有些孩子对看似普通的事情可能特别容易发脾气。

发脾气：愤怒或沮丧，崩溃，暴躁通常以尖叫、大叫、身体攻击和非理性行为的方式表现出来。成年人和儿童都会发脾气，但只有7岁以下的孩子才适合发脾气。

在这种情况下，作为父母，你的任务很简单：保持冷静并表现出同情心。是的，这些经历看起来伤害很大，但我们大多数人都有过这样的经历，而且这是非常正常的。

发脾气有可预测的模式和节奏。康涅狄格大学的研究人员詹姆斯·A. 格林（James A. Green）和明尼苏达大学的迈克尔·珀特加尔（Michael Potegal）用缝在幼儿衣服上的无线麦克风，记录了100多次幼儿发脾气。他们分析了这些幼儿发出的声音，并能够确定发脾气的3个特定阶段。

第一阶段：大喊大叫

在这一阶段，孩子们大喊大叫，大声说出他的想法。当父母发表评论、解释、使用逻辑或提出问题时，他们会变得更加歇斯底里。在这个阶段，即使试着说出他们的感受也没用。

你能做什么？

你可以待在房间里，在他附近，孩子需要知道你在身边，从而有安全感，离开房间会令他更生气。保持冷静、中立、随和，充满爱心。把自己看成一个富有同情心的目击者，不要说话。换句话说：停止，放下，不说话。只要坐好，尽你所能提供爱的能量。

停止，放下，不说话

当孩子发脾气时，最应该做的第一件事是：

1. 停止你当时所做的任何事，尤其是当这件事对孩子有压力的时候。

2. 放下——降到或低于孩子的水平。我们很难从一个高高在上的人那里得到帮助，这表明你不仅在场，而且和孩子在一起。

3. 不说话——和怒气冲冲的孩子们聊天没有什么好处。在这种情况下，无论我们认为自己的话多么能安慰孩子，往往只是障碍。

第二阶段：身体动作

在这个阶段，孩子可能会打、踢、推家具或扔玩具。如果父母试图通过和孩子说话或抚摸孩子来安抚他，他通常会变得更具攻击性。

你能做什么？

维持现状！ 你的工作不是阻止孩子发脾气，而是确保孩子不会感觉被遗弃，并确保他不会伤害任何人或打破任何东西。你们可能需要换个地方或者找个安全的地方，比如到车上或者到卧室里去，这样孩子就有时间进行自我调节（当你在公共场所时，我们建议你减少损失。付账，离开杂货店，或者礼貌地离开聚会。孩子优先）。无论哪种情况，都要尽量少说，少做，同时还要确保孩子不会做出任何伤害自己、兄弟姐妹或你的事情。

如果孩子要伤害你，你可能要抱着他，身体朝外，但只有在绝对必要时才要这样做。保持冷静，不要让孩子发脾气改变你的行为。你可以说："我需要保证你的安全，也需要保证我的安全。"一旦孩子的四肢开始放松，就放开他。总是用最少的限制来保护孩子和你自己的安全。

被孩子殴打很痛，我们大脑中"战斗或逃跑"的部分可能想要逃离痛苦。这是错误的，有两个错误原因：其一，孩子可能感到自己被遗弃了，这会使情况更糟；其二，孩子可能会害怕自己的力量，可能开始相信自己是个"坏"孩子、"刻薄的"或"失控的"——这可能被内化，也可能被用来对付你。

不要告诉孩子用打枕头来发泄——为什么

孩子打你时，该给他一个枕头或沙袋来让他发泄不满吗？不该，原因是，当你教孩子生气时靠击打来发泄，你就在创造一种肌肉记忆，一种在生存大脑模式下，身体想要打出去的欲望。当生气时，孩子潜意识会认为，我的拳头需要打什么东西。愤怒的感觉与击打密切相关。最好和孩子们一起集思广益，寻找其他发泄愤怒的途径，这样大脑就会告诉自己：当我生气时，我的身体需要一个冷静下来的机会。（一个相信自己可以吓到你或恐吓你的孩子，拿着一件强大的武器。当需要关注或力量却无法满足这些需求时，他可能会利用这种新发现的力量来激怒你）最好让自己远离伤痛，保持冷静。

第三阶段：悲伤

当肢体接触过去，下一阶段悲伤开始。孩子会为刚刚发生的事感到难过或害怕，他可能会哭、发牢骚或大惊小怪。他和父母断开了联系，如今要重新连接并得到安慰，他已经准备好返回该域。

你能做什么？

让孩子在哭的间隙中做几次深呼吸，这说明激增的皮质醇正在消退，保持身体和情感都在场。孩子可能很快就需要一种感官体验，他可能想要一个拥抱，或者可能想爬到你的腿上让你抱着，哭一场。

拥抱怒火

拥抱怒火是有道理的，毕竟，有时候孩子们只是需要把那种爆发的情绪从他们的系统中释放出来，这样每个人都能继续前进。

深呼吸，保持清醒，把发脾气当成一件自然的事情。当它过去时，孩子的身体就会释放出被压抑的能量，并准备以一种平静的方式面对睡觉时间。别担心。你接受他们并不是在鼓励或强化你的脾气。相反，你为孩子树立了榜样，让孩子在压力面前保持冷静并进行自我调节，让孩子更容易处理和摆脱暴躁情绪。

有效引导恐惧愤怒的孩子们回到域内

一旦孩子离开了这个域，语言是相当无效的。不管孩子多大年龄，最好的做法是保持冷静，待在附近，紧闭嘴巴。然后，当恐惧和愤怒的冲动开始消退时，你可以提供一种感官体验，或肯定孩子的感受。

自我平静区

可以通过创造"自我平静区"来向孩子介绍感官体验，这个特殊区域由孩子选定，在这里他可以独自一人，感觉好一些。他可以在平静区做任何自己喜欢的事情：抱抱毛绒玩具，看书，听音乐，吃零食或者哭一场。他可以一个人去，也可以请你一起去（当你想到这一点时，我们都有自我平静的地方——我们可以独处思考。我们只是建议你把这个想法介绍给你的孩子）。

记住，如果孩子还没有离开这个域，或者尽快回到这个区域，他将更容易接受感官体验。时机就是一切。以下是自我平静区的工作原理：

1. 一起选择一个地方。它不一定在孩子的房间里，可能在厨房或办公室，可能在桌子上面或桌子下面。

2. 帮助孩子把一些他选择的物品带到他的自我平静区。告诉他，当他难过或生气的时候，他的特殊物品可以帮助他感觉更好。你甚至可以帮他贴一张他最喜欢的感官体验的清单（或图片）。

3. 告诉孩子这是他的特别的地方。让他知道，当他想要平静下来的时候，可以选择去那里，他在那里可以想待多久就待多久。在这里待着和里面的东西会让他有机会放松，享受乐趣，通过他的感官去感受，并再次成为中心。

很重要的一点是，你有时也需要"离开"，所以做个榜样吧，让孩子知道你的自我平静区在哪里（你的卧室、躺椅等），当你被情绪淹没时，你会去那里帮助自己感觉好一些。同样，你可以温和地建议孩子去他的自我平静区，但这不是必须的。他可能想要选择一种不同的感官体验，比如出去玩。自我平静区不是惩罚性的暂停，也不应该被视为惩罚。

改变育儿任务：怎样帮孩子进入域内

让孩子了解一些感官体验，并邀请他说出一些他最喜欢的，写在这里（这也可能是给他创造自我平静区的好时机）。然后，下次他开始离开这个区域时，再看一看列表，看他是否会选择一个选项，在合适的时间引导他回到域中。

_____

_____

儿童管理工具箱

当你的孩子不在域内时，请使用此工具箱。例如，你的孩子表现出强烈的负面情绪，尤其是恐惧或愤怒。他可能在发脾气，他可能会失控——尖叫、殴打、咬人、踢人或扔东西——或者他可能会闭嘴，拒绝说话。

- 使用"暂停，放下，零对话"策略。
- 靠近孩子，避免其他人被孩子伤到。
- 合适的时候，提供感官体验。
- 记住发脾气的3个阶段。
- 接受孩子发脾气。
- 合适的时候，邀请孩子去自我平静区。

请在这里添加你的笔记：

_____

_____

第五章

真相3

所有孩子都必须表达情感

动画电影《头脑特工队》讲述了一个11岁的女孩举家搬迁后与抑郁症作斗争的故事。电影里大多数场景都发生在她的脑海里，里面有5种拟人化的情绪——乐乐、忧忧、怒怒、怕怕和厌厌——拼命地"修复"她的情绪。

在某个时刻，女孩幻想的朋友冰棒被抑郁所吞没。乐乐满怀乐观精神把他从深渊中救起，但最后是忧忧打动了冰棒。后来，乐乐怀疑地问："你是怎么做到的？""我不知道"忧忧回答，"他很难过，所以我听到了他的心声……"

这句话的寓意是：除非我们被允许表达自己的负面情绪，否则无法从引发这些情绪的事情中走出来。阻止孩子充分表达自己的情感无法阻止这些情感的产生，只是阻止了情感的表达。

简言之，有时候悲伤就是答案。

消极情绪是真实生活的一部分

许多父母把消极情绪看成是需要加以限制、控制、隐藏或需要抚慰的东西。

理智上我们知道悲伤和愤怒是健康的情绪，但我们从小就被教育孩子们对这些情绪的表达必须限制在社会可接受的范围内。因此，我们最终会试图阻止或平息任何过于极端的情感。尽管我们可能会说"即使你生气，妈妈也爱你"或"伤心也没关系"，但面对愤怒或悲伤等不那么令人愉悦的表达，我们会传递给孩子这样一个信息：这样的感觉不好。

我们会修正、比较并否认自己的负面情绪，不认同这种状况，对此加以质疑，提出意见，感到羞耻，提出批评，并施以惩罚。这一所谓"情感表达阻滞"的名单还在继续。

注意，当表达一种消极情绪时，你经常会遭遇理论、逻辑、判断、建议、安慰或否认。尽管消极情绪是生活的一部分，但我们中太多的人被教导不应该有消极情绪。

我们不会出于恶意去阻止孩子们表达情感。有时我们认为孩子们表达情绪的方式不够恰当，缺乏尊重，或者太过夸张。我们相信我们有责任纠正孩子，并教他们以一种更易为人所接受的方式来包装自己的情绪，或当他们过分夸大时指出来。

"我知道你气坏了……但现在是时候向前看了。"或者"我知道你很难过……但以这样的方式和我说话不太好。"有时候我们只是想让孩子们感觉好一点。就像《头脑特工队》里面的乐乐一样，我们迅速进入"修复"模式，试图安抚孩子的情绪，或者承担起让他们再次快乐的责任。

当他们因为同伴对他们不好而感到沮丧时，我们可能会说："如果再发生这种情况，告诉我，我会处理好的。"当老师让他们觉得自己的成绩不好时，我们可能会说："你数学很好！你只是需要更多的练习。"

我们拒绝让孩子表达负面情绪还有一些不那么无私的理由：孩子把他们的焦虑发泄在我们身上，而我们没心情放任他们这样。"现在够了"我们可能会坚持说，"你抱怨得够多了""你太爱发牢骚了""你哭够了吧""你过分了""是时候冷静下来了""你没有理由生气""妈妈开始生气了"或"爸爸今天没时间处理这件事"。

无论动机是什么，我们经常会压抑健康的情绪，并在不知不觉中干扰孩子的情绪健康。

这不是你的错。众所周知，我们的文化不善于建设性地处理情感，很少有人教导我们如何支持和鼓励他人的情感。但现在是时候作出改变了。是时候意识到那些我们为孩子们——也为我们自己——设置的情感阻滞，并把它们永远扔掉。

父母后悔采用的50种 "情感阻滞词"

　　情感阻滞是一种本质上无视他人感受的下意识的反应，停止了交流，把孩子们从我们身边推开——把他们推向压力、调节障碍，最终导致更糟糕的行为。当孩子们濒临域的边缘时，情感阻滞词很可能会把他们推出去。

　　我们虽然不是故意的，但是，天啊，事实上我们经常使用情感阻滞词。

　　下面所列50个情感阻滞词中，把你用过的标记出来：

1. 建议："你应该改变步行回家的方式，这样就可以避开她了。"

2. 假设："你不学习，测验成绩当然是C了。"

3. 问为什么："如果你知道我忘了来接你，为什么不直接打电话给我呢？"
（避免使用 "为什么"）

4. 责备："这都是你的错。"

5. 陈词滥调："孩子就是孩子。"

6. 比较："如果你像姐姐一样每天都学习，数学也会得A。"

7. 纠正："事情不是这样发生的，发生的是……"

8. 制造恐惧："如果你再拿玩具丢弟弟，就不给你玩了。"

9. 批评："你选择的那条裙子的颜色不适合你。"

10. 要求："冷静下来！"或者 "向你哥哥道歉。"

11. 否认："你不是饿，你就是想吃。"

12. 诊断："你只是累了。"

13. 不同意："不，她没那么刻薄，你误解了。"

14. 分散注意力："别哭了！不要哭！我们去厨房拿块饼干吧！"

15. 诉诸自身："这我也经历过，我气坏了……"

16. 强迫对方接受 "教育"："你从中学到了什么？"

17. 用 "从不" 和 "总是" 来概括："你总是把做家务搞得小题大做。"

18. 让对方内疚："我不敢相信你没有时间和家人一起吃饭。你似乎有大把时间和朋友在一起。"

19. 羞辱："你在学校惹麻烦，我对你很失望。我要去学校和你一起在班里待上一星期，确保你不会惹麻烦！"

20. 我知道/我懂："我懂你的感受。"

21. 如果—那么："如果你一直不停地烦我，让我和你玩，那么我就不和你玩了。"

22. 忽视：转移注意力，把门关上，离开房间。

23. 审讯："这次你做了什么？这是怎么发生的？"

24. 插嘴："别说了，听我说。"

25. 评论："那个女孩真讨厌！"

26. 说教："你必须更认真地对待学业。如果想成功，你需要……"

27. 逻辑："更努力学习，你会得到更好的成绩。"

28. 表扬："看，你都得了全A！我敢打赌你是班上最聪明的孩子。我真为你骄傲。"

29. 弱化："哦，没什么，挺好的。"

30. 诉诸道德："好姑娘不会讲那种话。"

31. 骂人："你怎么这么笨，又忘了带舞鞋？"

32. 消极预测："你今晚真的想在外过夜吗？你可能会和朋友打架。"

33. 不道歉（为另外一种感受道歉）："我很抱歉你感到失望……"或"我很抱歉你有这种感觉。"

34. 提供一线希望："这样看，至少你不必……"

35. 胜人一筹："了不起！当我像你这么大的时候，我过得比你糟多了。"

36. 怜悯："哦，你这个可怜的小家伙！学校的老师不应该对你那样挑剔。"

37. 扮演殉道者："我为你做了这么多，你却从来不感激。"

38. 乐观的态度："不会有什么不好的事情发生在你身上。"

39. 解决问题："你感到无聊？有这么多的游戏和谜题。你为什么不把那件新艺术品挂起来刷一刷呢？"

40. 惩罚："你被禁足一周，两周不许玩手机！"

41. 营救："我明天去球场和你的教练谈谈。"

42. 讽刺："本周最佳学生？你用什么魔法让这一切发生的？"

43. 责骂："我要告诉你多少次不要这样做？"

44. 羞耻："我很尴尬。你不该那样跟你祖母说话。"

45. 但是："我知道你有多生气……但你不能那样跟我说话。"

46. 偏袒一方："这就像你哥哥对你做的一样。"

47. 威胁："我数到三！"

48. 时间到了："你已经为此生了很长时间气了。"

49. 告诉你吧："我告诉过你不要抱太大希望。"

50. 最坏的情况："你和朋友千万不要开车去旧金山度周末，你们可能会死于车祸！"

不要搞错：当孩子在表达负面情绪时，不使用情感阻滞词你就已经向正确的方向迈出了一大步，可能让孩子待在域内，而不是进入生存大脑模式。当然，可能还需要努力才能把你从教条中解脱出来，但这样做肯定值得。

关于建议，傻瓜速进

停止提建议吧——或者至少要忍住不提。如果你真的认为自己有一个解决方案或者想让大家进行讨论，等一下。

"至少30分钟"，甚至第二天再谈。

心理学家吉诺特表示，孩子的行为可能需要回应，但首先必须充分倾听孩子的心声。吉诺特写道："在那一刻应该抵制住给孩子上一课的诱惑。"

改变育儿任务：检查情感阻滞

消除冲突中情感阻滞的一个有效方式是让孩子参与进来，和他们一起看一遍情感阻滞词的清单，然后请他们帮助你识别这些情感阻滞词。孩子们渴望帮助你学习，他们很高兴你会上这一课。

孩子压抑情绪常见的4种后果

当负面情绪受到羞辱、遭到排斥或表达受阻时，它们会一点一点地累积在孩子的心中，成为制造身体、行为和成长问题的一个温床。

以下是与压抑情绪相关的4种常见结果：

压抑情绪会导致消极行为

如果一个孩子表达的感情不受父母欢迎或不被父母接受，他通常会认为自己的感情是"坏的"，因而会把这些感情隐藏起来，用无关的行为来掩盖它们。**情感伪装**："改变形式或改变目标"。如果孩子感到不愿意对父母说："我讨厌你做的晚餐！"他可能会改变厌恶和沮丧的形式——把自己的感觉披上伪装。例如，他可能拒绝刷牙，或者在你匆忙出门时故意磨蹭。或者，他可能会改变目标，把自己的厌恶和沮丧发泄到兄弟姐妹、朋友、老师、宠物或其他人的身上，甚至发泄到自己身上。

巴鲁克说，当孩子觉得父母无法接受自己的负面情感时，他可能会想办法掩饰这些情感，并发泄出去。他通过改变消极行为或改变目标的方式来做到这一点。以下是两种方式的几个例子：

改变形式

- 违背关于电子产品的协议

- 拒绝配合做家务

- 不愿意做作业

- 拒绝睡觉

- 拒绝洗澡

- 发脾气

改变目标

- 对老师、同学咄咄逼人

- 殴打兄弟姐妹

- 欺负学校里其他孩子

- 伤害自己

- 伤害动物

- 破坏财物

那么，这是否意味着所有不愿意写家庭作业、拒绝洗澡或发脾气的孩子都在"改变负面情绪表达形式"呢？当然不是。发脾气可能与年龄有关，而不愿意写家庭作业或拒绝洗澡往往是"系统问题"。只有你能够根据行为的背景，辨别孩子的行为是不是伪装的"情感"。

压抑情绪会给孩子带来身体负担

孩子的身体如果一直处于紧张状态，这可能导致各种生理问题和心理问题。处于这种紧张和压力状态的孩子更容易出现多动症、咬指甲、抓狂、过度恐惧、焦虑、抑郁、免疫力下降、呕吐、偏头痛、梦游、慢性疲劳和身心疾病。更重要的是，慢性压力是成年人酗酒的头号原因，并会降低人的智商。布里格斯说："镇压情绪的行为就像一座水坝，可以把智慧之江河缩小为涓涓细流。"

压抑情绪创造了"模范儿童"

所有的孩子都有强烈的情感，尤其是当他们觉得需要更多权力时。这可能表现为有攻击性、粗鲁，或者干脆拒绝合作。但当父母不能容忍这些感受，或对孩子的潜在需求不敏感时，孩子最终会将痛苦内化，扮演"听话的孩子"的角色。因为孩子情绪爆发而羞辱他们，会让孩子觉得自己"太坏了"，这对母亲是一种无法忍受的折磨。孩子会把引起的怨恨压下去，变成家里的"小天使"。"我们很少意识到，"巴鲁克写道，"太好不过是太坏的伪装。"

压抑情绪让孩子对父母隐瞒信息

如果孩子们认为父母没有处理好他们的情感，最终会导致他们不再分享。他们可能会隐瞒那些让他们感到害怕、紧张或痛苦的事情。他们会对父母撒谎，在可能影响他们安全或心理健康的事情上保持沉默。关键是，否认情感并不意味着孩子们不再拥有情感，这意味着父母不再是第一个听到他们分享情感的人。事实上，父母可能听不到他们分享的任何事。

一些父母为他们试图削弱孩子的情绪表现而辩护，表示这是因为"现实世界"不赞成这种事。但让我们彻底摆脱"现实世界"的陈词滥调吧。孩子是真实的，他们的感情是真实的，学校是真实的，大学是真实的，工作是真实的。世界的一个方面并不比另一个方面更"真实"，也没有一个方面仅仅是为下一个方面做准备。现在我们应该像对待"真实世界"、对待世界上任何其他地方一样对待家庭生活。

在情绪化的情形下，父母的反应应该不同于其他任何人。陌生人与孩子的头脑说话，父母与孩子的心灵对话。

善用同理心的艺术

无论我们作为父母是否感到不舒服，只有同理心——这唯一一个可靠方法能让孩子充分表达情感。

同理心意味着从他人的角度去理解他人。

"另一个人进入了你的世界，"布里格斯写道，"通过回应你的信息，证明他理解你的感受，暂时放下他的世界和你在一起。"那个被"放下"的东西？这是巨大的。同理心：对他人的想法、感受或态度的情感认同，从本人的角度去理解他。同理心意味着我们完全摆脱自己的判断，倾听孩子的心声，并如实感受他们言行背后的情感。

我们自己无所谓同意或不同意。我们也不担心事实或逻辑。我们不会试图去改变一个人的感觉。我们也不会试图让他感觉更好。我们只是鼓励对方说话，平息自己的反应。我们接受他们真实的感受，并认为这很重要。

需要明确的是，同理心并不意味着我们认为孩子的感受是有道理的，这种感受可能彻头彻尾都很荒谬，过分夸大，自私自利，令人生气！

● 孩子会因为不小心把崭新的亮闪闪的硬币掉到下水道里而大哭。

● 孩子会因为表弟比他多得到了半块饼干而勃然大怒。

● 在约定的看电视的时间结束后，孩子还在痛苦地抱怨说他不能再看30分钟电视。

我们可以想出成千上万的例子，你也可以。

因此，孩子的问题往往很容易解决。（"你掉了枚硬币，我们再给你一个新的。"）我们也许知道一个更合理的方法来看待这种情况。（"你表弟的是另一种饼干——他的更小！"）我们自己可能也会感到沮丧。（"孩子，约好的看30分钟电视，时间到了，你为什么还要和我闹？"）

但当你有同理心时，所有这些理性的想法都无关紧要。你只需要认识到你面前的人的真实感受，在进入下一步之前要把它们释放出来。

学习并掌握同理心，其重要性再怎么强调都不为过。对很多人来说，这很难。人类是高度批判性的动物，我们中的许多人都是天生的问题解决者。当我们听到一个人的困境时，勇气告诉我们要判断形势，并立即着手解决它。当我们成为父母时，我们的勇气会超时待命。一位家长对布里格斯说："我几乎听不到孩子们的声音，因为我自己的内心太吵了。每次他们说话，我都会被自己内心的反应所困扰。"

那是在最好的时候。在最糟糕的时候，孩子不仅对世界发火，还对我们发火，他们拒绝我们与之联系的努力，不喜欢我们给予的耐心和关心。他们花上一整天时间来发泄消极情绪，并想办法把这些都归咎于我们。

的确，对同理心的真正考验是，当我们是孩子们愤怒的受害者时，我们是否有能力表达出同理心。幸运的是，当它被分成四个不同的步骤时，会变得简单多了。

同理心的语言不是我们与生俱来的。它不是我们"母语"的一部分。我们大多数人在成长过程中都有过情感被否定的经历。

——阿黛尔·法伯、伊莱恩·玛兹丽施

像生活中许多其他事情一样，表现出同理心是一项技能。把这4个步骤付诸行动，你一定会马上得到回报。

第一步：和孩子处于同一水平上

当我们和处于痛苦中的孩子在同一水平上时，可以更容易，也能更有效地和他产生共鸣。因此我们建议把自己降低到孩子的水平来迎接消极情绪。和孩子进行眼神交流可以平衡精力，迅速建立起融洽的关系，消除权力上的差异，并表明你愿意与此刻状态下的他相见。

第二步：成为倾听者

当孩子生病的时候，我们会毫不费力地拿出一个垃圾桶让他们吐进去，对吧？同样地，当孩子表达消极情绪的时候（与需要呕吐如出一辙），这些情绪需要有个去处。

不要——我再说一遍——不要自己留着这些负面情绪。做一个容器并不意味着把孩子的痛苦当成自己的痛苦。尽管我们中的一些人（尤其是那些倾向于相互依赖和全天候照料的父母）很难把孩子的情绪和自己的解绑，但尝试一下很重要。同理心是"一种对孩子的情绪和感受做出真诚反应的能力，而不会受到它们的影响"。

生存大脑模式下的同理心

当孩子不在状态时，同理心就不起作用了。这是因为，当"战斗或逃跑"反应被触发时，大脑的额叶（倾听和思考发生的地方）大部分是关闭的。想象一下，一家商店的橱窗里挂着一块牌子，上面写着："5分钟后回来。"是的，孩子很快就会平静下来，能够说话并接受同理心，但在那一刻，血液中的化学物质使他无法理性地交流。尽管如此，让自己和他处于同一水平上，成为他的倾听者（基本上这就是你说的"停止，放下，不要说话"）。记住，当孩子们在生存大脑模式下时，最有可能把负面情绪倾泻而出。

第三步：给情感贴标签

除了快乐、悲伤和疯狂等普遍的情感标签词外，还有很多。我们建议你扩大情感词汇，有两个原因：第一，准确的情感词汇有助于孩子自我调节。第二，当我们准确地说出别人的感受时，我们更容易与那个人产生共鸣。他不只是喜怒无常，他很孤独。他不仅生气，而且还很尴尬。他不仅超级兴奋，他还很焦虑。这也是孩子们学习同理心的方式，通过给自己的感受命名，他们能够更好地识别别人的感受。

记住，你给孩子的情感贴上的标签越具体，就越有可能与这种情绪建立联系。毕竟，你知道孤独、尴尬、焦虑和担心是什么感受，这一点儿也不好玩。

儿童情感词汇

这里有一些很棒的儿童情感词汇。如果有用的话，你甚至可以考虑把这些东西写在一张纸上，贴在钱包里。这样，当情绪高涨时，你就会有一张备忘录。

• 害怕	• 心烦意乱	• 恼怒	• 高兴
• 愤怒	• 尴尬	• 嫉妒	• 惊讶
• 焦虑	• 兴奋	• 孤独	• 疲惫
• 困惑	• 沮丧	• 紧张	• 不重要
• 失望	• 羞辱	• 冒犯	• 不确定
• 消极	• 受伤	• 不知所措	• 担心

"难过"是一种情感伪装

要避免使用"难过"这个词，因为它太过笼统，容易用来粉饰情绪。它甚至可能使孩子们更生气。"我知道你有多难过……"这句话并不能让人产生共鸣。相反，它让我们远离了"难过"背后真实、具体的感受。孩子可能会想，你并没有真正了解我的感受，因此才会说我难过。我们描述情感的词汇越具体，孩子们未来就越有可能学会成熟地表达这些情感。

重要的是要记住，与孩子的兴奋与喜悦共情，与和他的悲伤共情同样重要。就像愤怒的大爆发会激怒父母一样，快乐的大爆发也会激怒父母。有时候，父母似乎总是试图控制孩子的情绪。别太高兴了！不要太伤心！然后我们想知道为什么成年人很少像孩子那样爱笑爱哭，我们被教导只有无声的情感是可以接受的。只要记住，情感应该得到表达和承认，无论是积极的还是消极的。

第四步：给予情感上的认同

这虽然是最后一步，但却是同理心中最重要的一步。如果做得好，这就是父母（或一个人）能够拥有的最重要的工具之一。情感认同指的是对一个人的感受进行如实陈述。情感认同是"积极倾听"的核心，有助于识别、肯定和邀请孩子表达情感。与完全不包含"感觉"词的情感阻滞不同，情感认同在很大程度上依赖于感觉词。但只有当我们真正能够本着同理心精神表示情感认同时，情感认同才有效。如果做不到，我们很可能会离开这个区域，需要等一段时间重新回到这里。

用"感觉"词代替"安慰"语

有时候，我们认为自己说一些安慰的话，或者用宽慰人的语调就非常富有同情心（"没关系""别担心""你很快就会感觉好起来的"或"嘘，你现在很好"）。尽管听起来很"好"，但这些都是情感阻滞词。记住，关键是不要试图"安抚"情绪。这是为了帮助孩子识别这种情绪，这样他就可以完全表达出来，并自己克服。

下面是一些我们最喜欢的情感确认词。所列的感情词填空。

● "没能进入团队，你听起来/看起来/似乎（   ）。"

- "我听到你说，因为我不让你再看会儿电视，你感觉（   ）。"
- "上学第一天，我猜你（   ）。"
- "没能进入球队，我打赌你一定很（   ）。"
- "我猜你对朋友和你说话的方式感到（   ）。"
- "你是在生我的气吗？"
- "你感觉如何？"
- "不能和朋友一起去购物中心，真是太（   ）了。"
- "我注意到/感觉到你今天因为医生的预约而感到（   ）。"
- "我看到/听到你对弟弟感到很（   ）。"
- "（   ），是吧？"（例如，"令人沮丧，是吧？"）
- "（   ），不是吗？"（例如，"令人生气，不是吗？"）

最开始，使用含有"感觉"词语的句子很重要——单纯提醒自己使用真实感觉的词汇。但一旦这种感觉被确认，你可能会想继续使用那些不明确地表达情感的词汇、声音或肢体语言。你可能会说：

- "哦，哇！"或者"真的！"或者"啊！"
- "你说得有道理！"
- "我懂了，这很有道理！"
- "我希望（   ）。"

给孩子一个他在现实中无法拥有的幻想。例如，"我真希望一个小妖精能飞进门，把饼干放回你手里！"

拥抱是一种强有力的情感认同，同样，表示认同的面部表情，点头和抚慰的声音也可以通过"嗯""啊"和"哦"这些真诚可爱的语气进行分享。

事实上，一种最好的情感认同——无声的爱——完全不需要说话，当没有合适的语言时，尤其管用。把其他的一切都放在一边，靠近你的孩子，静静地让自己与他的能量保持一致。

记住，并非每一种情感认同适合所有的孩子。在孩子看来，一次不错的情感认同可能听起来很俗气，很做作，或者照本宣科。诀窍是真正理解并使用真实的感觉词。

父母常犯的一个错误是反映孩子潜在的欲望，而不是潜在的感觉（"我看到你还没准备好关掉电视"或"我听到你说想要另一块饼干"）。

或者父母反映了别人的感受（"听起来你的朋友很生你的气"）。

只有当我们在正确的时间（即当他们还没有离开域内）并且只有当他们与此同时如实地反思时，情感认同才是少数几个真正有助于让孩子们留在域内的工具之一。当孩子们觉得我们的情感认同是假的，他们会很快变得像我们一样恼怒或怨恨。

当给予孩子情感认同时，尽量避免那些假定孩子感觉如何的词语，比如"理解"、"知道"或"一定"。例如，"我知道你害怕……"或"我理解你很生气。"或"你一定很无聊。"我们可以努力去理解，我们可以表示理解，但是我们不能确定自己是否真正了解另一个人的感觉。当我们说"你一定感觉……"时，我们坚持自己是对的，必须这样。

最后一件重要的事：避免情感认同后面接着"但是"——比如："我听说你很失望，但是我们现在要离开派对了。"这会破坏情感认同，中断谈话。

每当你觉得"但是"要来的时候，就用"而且"代替它。

"我听说你很失望，而且该离开派对了。"

多少同理心才足够

同理心的作用是让孩子有机会感受到我们在倾听，情感与我们联系在一起。那么，我们怎么知道自己什么时候做得很好，什么时候做得很糟糕呢？积极的暗示意味着我们快要成功了，消极的暗示意味着我们的失败。从孩子口中听到"是"是很好的确认，点头、微笑和其他非语言的信号也一样是积极的信号。一旦满足了3个方面，你就能确定自己在正确的轨道上。不过，越多越好。

以下是其他值得注意的线索：

联系的暗示 （孩子感觉到你的倾听和情感上的联系）	不联系的暗示 （孩子感觉不到你的倾听或与你情感上的联系）
点头	变得安静
说"是"	闭上眼睛或者捂住耳朵
继续说话	变得有戒心
哭泣	开始抱怨
进行眼神交流	看起来烦躁
看着你	看向别处
似乎很舒服	身体姿态呈封闭的状态
和你在一起	转移话题
微笑	转眼珠
进行深入分享	开始责备、否认
给你拥抱	找借口
和你玩	离开房间

事实：孩子们对那些让他们感到安全的人特别苛刻

你有没有停下来想过，为什么孩子似乎把所有的事情都拿你出气？有一个很好的答案：因为你让他感到安全。

还记得我们说过孩子的情感银行账户吗？你不是唯一一个在这个账户上存取款的人。在任何一天中，孩子的"平衡"也可能受到他的同龄人、老师和兄弟姐妹的影响。有时账户会在你不知情的情况下透支，孩子的负面情绪高涨，他会把这些情绪发泄到你身上——因为他知道即使这样你还会爱她。

这样的话，接受孩子的愤怒意味着他给你投了信任票，这意味着他把你当成了自己的避风港。事实上，布里格斯建议父母应该把孩子的愤怒当作礼物。她说："那个公开对你表示敌意的孩子实际上给了你一个双花环。你抚养他长大，让他有足够的力量为自己挺身而出，他不是枯萎的紫罗兰，你让他觉得直接表达自己的情感是安全的。"

就像一名训练有素的外科医生小心翼翼地切开伤口一样，父母也需要谨慎使用语言。

——海姆·吉诺特

正确辨别情感阻滞与情感认同

当父母用情感认同而不是情感阻滞来接受孩子的情感时，许多问题和冲突就会被弱化并避免，在具体行动中真的很管用。我们列出了10种情景，以及父母一些可能的反应，包括阻止和认同孩子的情感表达，如下：

4岁孩子说："约翰莫名其妙地打我。"

情感阻滞	情感认同
"噢，可怜的孩子！你哥哥应该知道不该打你。约翰，马上过来道歉。" （情感阻滞：同情，拯救，站队）	"哎哟！你看起来很伤心。"
"你应该距离他远一些。我告诉你多少次不要再捉弄他了。" （情感阻滞词：假设，指责，我早就告诉过你了）	"我知道你对你哥哥打你有多生气。我想你已经厌倦了和他打架。"

5岁孩子说："我很无聊。"

情感阻滞	情感认同
"你感到无聊？今天天气很好。你为什么不出去玩呢？" （情感阻滞：逻辑，解决问题）	"听起来你好像不确定，不知道该做什么。你很有创造力！我不知道这次你会想出什么来。"
"你不知道自己有多幸运。我像你这么大的时候，没有玩具，没有iPad，也没有DVD播放器。" （阻碍情感的因素：比较，说教，逻辑）	"嗯……下了三天的大雨，却整天待在家里，真是令人沮丧和烦恼！我希望我能让雨走开！"

7岁孩子说："呀，吉米今晚要来过夜。"

情感阻滞	情感认同
"你们俩最好在21：00以前上床睡觉，否则他就睡不着了！" （情感阻滞：威胁，制造恐惧）	"你感到非常高兴是有道理的。你们两个相处得很好！"
"记得上次他想回家，没能过夜。" （情感阻滞：最小化，逻辑）	"吉米今晚要来，你看起来很兴奋！"

9岁孩子说："我不喜欢你做的晚餐。"

情感阻滞	情感认同
"你以前吃过这顿饭，从来没有抱怨过！我做一顿丰盛的晚餐时，你为什么总是这样？" （情感阻滞：逻辑，内疚，概括）	"我听到你说的是你很失望。你不喜欢吃鱼，宁愿晚餐吃点别的。是这样吗？"
"这是一顿非常健康的晚餐，我花了2个小时才做好。如果你不好好吃，就会生病的。" （情感阻滞：说教、内疚、如果那样做，最糟糕的情况）	"你真的不喜欢鱼，那是我做的晚餐。我敢打赌你生气了！你的确生气了。"

10岁孩子说："我迫不及待要去上五年级了。"

情感阻滞	情感认同
"冷静点，要知道你的老师很严厉的。" （情感阻滞：弱化，制造恐惧）	"令人兴奋，不是吗？你喜欢上学！"
"好了，够了，现在该睡觉了。" （情感阻滞：时间到了，注意力分散）	"你看起来很高兴开学了！我想知道你是否对结识新朋友感到兴奋。"

11岁孩子说："我今天忘记交作业了。"

情感阻滞	情感认同
"别再这样了！下次记得打电话给我，我会把它带到学校给你。" （情感阻滞：救援，解决问题）	"太令人沮丧了，你花了那么多时间做作业。"
"你太健忘了！你哥哥从不忘记交作业！" （情感阻滞：批评、辱骂、比较）	"你对明天老师会怎么处理紧张吗？"

12岁孩子说："我的成绩单上有一个D。"

情感阻滞	情感认同
"就这样，除非你更加努力学习，在学校好好学习表现，否则不准踢足球。" （情感阻滞：惩罚，内疚，恐惧，贿赂）	"我感觉你在担心自己的数学成绩。"
"我在你这么大的时候也拿到了一个D，但也没什么关系。" （情感阻滞：裹挟其中，弱化）	"我想你在课堂上做了那么多额外的作业之后，对你的成绩感到失望吧。"

14岁孩子说："你接我去参加足球训练，又迟到了。"

情感阻滞	情感认同
"你知道我上班要参加一个重要会议。你认为谁为你的俱乐部足球付钱？" （情感阻滞：内疚、最小化、逻辑）	"你对我再次迟到感到生气是有道理的。不知道我什么时候到，真令人沮丧。"
"当我像你这么大的时候，我不得不自己走两英里回家！" （情感阻滞：攀比、胜人一筹、最小化）	"我听说你对我很生气，因为你想让我按时来接你。这是有道理的。"

16岁孩子说："今天男朋友和我分手了。"

情感阻滞	情感认同
"你应该做的是忘记他。不要再见到他，也不要再和他说话。忘记他吧，天涯何处无芳草！" （情感阻滞：提建议、弱化、逻辑）	"嗯……你看起来很伤心。这段感情对你意义重大。当你准备好了，可以和我分享你的感受。"
"反正我也不喜欢他。没有他你会过得更好。至少你有很多朋友。现在我们去买些冰激凌吧！" （情感阻滞：弱化，提供一线希望，分散注意力）	"你真的很喜欢他，和他一起度过了很多美好的时光。我能拥抱你一下吗？"

18岁孩子说："我找不到工作，不得不去很多地方应聘。"

情感阻滞	情感认同
"当然不是，你每天晚上都在电脑前熬夜，你每天早上睡懒觉，一天大部分时间都在看电视。你还不够努力。我一直告诉你，你需要早起，去购物中心，到每个地方去申请。" （情感阻滞：假设、诊断、内疚、说教、建议）	"哇……我知道你有多沮丧。申请了这么多工作还没被录用，这听起来有点让人难以承受。我想填了这么多申请表后你一定很失望。"
"我知道没有我的帮助你做不到。我要给你的叔叔汤姆打电话，他会让你为他工作的。" （情感阻滞：与他人比较，救援）	"你听起来不确定自己该做什么，因为你已经花了很多精力申请不同的职位。我看你很坚决地要找一份工作，这样你就可以开始自己挣钱了！"

除了认同，有时还需要一些额外的指导，孩子想知道如何解决他的问题。在这种情况下，向孩子表示情感认同，然后问一些"授权"问题。

授权问题

授权问题是指在可能出现冲突或父母救助的情况下，将一些权力移交给孩子。授权问题通常以什么、何时、何地和怎么办开始。

授权问题包括：

- "到目前为止，你尝试过什么？"
- "你还能尝试什么？"

- "在这种情况下，你如何照顾好自己？"
- "你打算做什么？"
- "你想要什么？"
- "你需要什么？"
- "我能为你做些什么？"
- "我们如何才能实现双赢？"
- "你想为自己创造什么？"
- "你有什么想法？"
- "你什么时候愿意做那件事？"
- "你怎么来记住？"

最后一个问题——"你怎么来记住？"是一个很好的未雨绸缪的方法，因为这样可以让你以后不用提醒或唠叨孩子。

再次强调，授权问题只有在孩子感到有人倾听自己的感受时才有效。它们不是同理心的一部分，它们是接下来的一部分。

情感认同时你会遇到的障碍

在通往情感认同的路上，你可能会遇到一些障碍。意识到这些障碍，并知道如何绕过它们，一定会让你的旅程更轻松。

错误1：我们进行得太快或太慢

做到情感认同需要练习，你不能指望马上就成为一名专业人士，而父母们早期最常见的问题之一就是错失时机，要么错过了孩子给出的暗示，并耽搁了太长时间；要么他们对这个过程变得不耐烦，并过早地停止情感认同。一定要等待那些孩子感觉有人倾听自己感受的暗示，否则，他会觉得操之过急，或者认为你另有安排。

如果你推进得太快，发现孩子变得有戒心，让自己"暂停"，回到情感认同中——或者干脆中止谈话。如果有必要，总是可以在稍后的时间继续。当你收到孩子感到有人倾听自己感受的暗示时，相信自己，继续前进。

错误2：我们听起来不真诚

使用情感认同，重要的是在孩子情绪高涨的时候对他们真诚。是的，有些情感认同可能一开始听起来很尴尬或者照本宣科，但你做得越多，他们听起来就越自然。也就是说，我们给你一份情感认同清单的目的并不是让你背上一些"父母话术"。这是打开你的眼睛，让你在不诉诸情感阻滞的情况下，以各种不同的方式认同孩子的感受。我们的目标不是欺骗孩子，让他们相信有人在乎他们的感受，而是关心他们并诚实地表现出来。

错误3：有时，我们会屈从于"救援请求"

当孩子感到有人倾听其感受，并与之有联系时，会提出相当棘手的问题，就是所谓的"救援请求"。说这个问题"棘手"，是因为这似乎没有双赢的解决方案。如果你纵容孩子，他自己则不会解决问题；如果你拒绝他，则可能会招致一场权力斗争。孩子们提出的一些救援请求如下：

- "你觉得我应该怎么做？"
- "我该怎么说？"
- "你能帮我做吗？"
- "你能提醒我吗？"
- "你为什么不能帮我？"

处理救援请求的关键是要明白这是孩子需要更多情感认同的信号。通过寻求救援，孩子告诉你他还处于情感困境中。所以要更加认同孩子的情感，你可以说：

- "不知道说什么，这的确令人沮丧。"
- "听起来你很害怕和老师谈论这件事。"
- "我想你是在担心你的朋友吧。"
- "你似乎对下一步该做什么感到困惑或不确定。"

真实案例！

在参加了所有以心为本的育儿课程后，一位母亲告诉7岁的儿子，要在学校最后一天给他一个惊喜。当时他们在好市多，结果"惊喜"不仅没让孩子高兴，反而使他勃然大怒，他坚持说自己不喜欢惊喜，要求知道那是什么。这位母亲也没有像往常一样感觉受到伤害并反驳，而是保持镇静。"看来我策划这个惊喜伤害了你的感情。"她说，惊喜让他情绪失控。"我恨你，妈妈，"他喊道，"你是世界上最糟糕的妈妈，我不爱你。"

"我知道你有多生气，多伤心。你在生我的气。"她说。他什么也没说。过了一会儿，他们继续往前走，但男孩仍然保持沉默。后来，在小吃摊上，男孩说："我就知道自己什么试吃样品都拿不到。"

母亲蹲下来，直视着他的眼睛问："你以为我不让你拿超市的试吃样品是为了报复你吗？"

"是的。"孩子说。

她回答说："我很爱你，我不想伤害你，我希望你快乐。"

那个男孩哭了："妈妈，我爱你，我不是故意的。我以为我不爱你，可是我爱你！"很快，两个人都哭了。

"可爱的小男孩"回来了，妈妈松了一口气。她告诉我们："在回家的路上，我儿子开口了，告诉我隔壁的小男孩是如何欺负他的，他决定回家后告诉小男孩他的感受。他确实和那个男孩谈了他的感受以及他是怎么被欺负的。然后，昨晚他告诉我，当我对他大喊大叫时，他感到害怕，如果我能用正常的声音问他，他可以回答得更好。我太感动了……"

最不能赋权的问题是"为什么"

如果说"什么"和"怎么办"是最能赋予人力量的问题，那么最不能赋予人力量的问题就是"为什么"。假设你的孩子一个星期内两次忘记带作业到学校，他回家告诉你这件事，你的第一反应可能是问他："为什么？"例如：你为什么总是忘带家庭作业？这个问题似乎问得不错，对吧？事实上，并非如此。简·布鲁斯汀提出了5个理由，让你不必再问"为什么"，而是问应该怎么做：

"为什么"会让孩子们防御性地回答。 孩子陷入了生存大脑模式，挺身战斗，拔腿逃跑，突然僵住，摇尾乞怜和昏迷晕厥——因为无法"进入"额叶，从而可能无法做出深思熟虑的响应。同时，你以为孩子知道自己为什么这么做，孩子——以及大人——通常对此并无头绪。很多时候，孩子可能很难解释为什么，因而可能导致沮丧和怨恨。

"为什么"关注的是借口而不是承诺。 它会让孩子觉得自己是受害者，剥夺他们承担责任的机会（如果能想出一个让你满意的好借口，他就可以摆脱困境）。

"为什么"表明你的界限和限制是灵活的。 如果孩子的理由很有创意，或者显得很可怜，他会认为你很宽容。

"为什么"把你置于法官和陪审团的位置。 你必须检查孩子的借口是否正确，然后决定他是否负有责任。

孩子对"为什么"的回答可能会诱使你用内疚、羞耻、辱骂或惩罚。 问"为什么"通常是让孩子们对自己做了什么或没做什么感到不好的先兆，希望下次他们能做出不同的选择。例如："你以前就应该想到这一点""你应该更清楚一些""你怎么能这么粗心大意呢"或者"我要重复多少次"。相反，把这种情况作为孩子自己学习的机会，让他在你的支持下做出更有责任感的选择。像往常一样，做一个感同身受的人，然后问一个赋予他权力的问题："你又忘了做作业，真令人沮丧！听起来你很担心，明天你怎么做才能记住？"

改变育儿任务：选择5组情感认同因子

选择5种情感认同因子，包括语言上的和非语言上的，这些都是你的真实感受，并把它们写下来。下次，当孩子表达一种情绪时——不管是积极的还是消极的——放慢速度，试着对其情感表示认同，一定要等到孩子表示出至少3项感到有人倾听其感受的线索后再继续。

同理心工具箱

当孩子表现出强烈的情绪时，使用这个工具箱。比如，当孩子在祈求、哭闹、抱怨、坚持、要求、叫喊、说不友好的话、不合作、大笑或兴奋地跳上跳下时。

- 和孩子处于同一水平上。
- 成为倾听者。
- 给情感贴标签。
- 给予情感上的认同。
- 寻找至少3条孩子感到有人倾听自己感受的线索。
- 在孩子感到被倾听后，问一些赋权的问题。
- 不要屈服于救援请求。
- 注意观察孩子可能"改变形式或改变目标"的迹象。
- 避免情感阻滞。

请在这里添加你的笔记：

第六章

真相4

所有孩子都会经历成长阶段

退休前，泰的母亲索尼娅·哈特菲尔德（Sonia Hatfield）曾从事与发育障碍儿童有关的工作。其中不少孩子坐在轮椅上，无法进食，也无法与他人进行情感交流。她说，大多数父母抱怨的事情，都是那些发育障碍儿童的父母梦寐以求的。

"你知道如果他们的孩子打他们、咬他们、跟他们顶嘴或者发脾气，这些父母会有多高兴吗？"索尼娅曾经问道。

我们无法选择孩子的成长阶段，即使聪明的父母也无法对其进行控制或操纵（尽管很多人尝试过这样做）。这些阶段是必要的、不可避免的，尽管这有时令人不快，但孩子在这个年龄本当如此。

对我们而言，一个孩子比另一个孩子的行为更具挑战性，并不意味着挑战性行为不正常，并不意味着其中一个孩子有什么问题，也并不意味着一个孩子天生就比另一个更难相处。当我们因为一个孩子生来就是这样而羞辱他时，会对他的自尊造成严重的伤害。

当孩子还是婴儿的时候，我们会记录他们成长，记录他们讲话，庆祝他们成长的每一个重要阶段。我们聚精会神地看着他们第一次微笑，期待他们的第一次笑声。我们非常享受地看着他们到达人生的每一阶段。

"他今天笑了！""他一个人站起来了！""他在走路！"

不过，在宝宝出生18个月后，育儿书的主题似乎突然发生了转变。这些书并没有让家长们对即将发生的事情有所了解，以便我们知道什么时候该庆祝，什么时候该担心，而是几乎完全集中在行为问题上：当孩子害羞时该怎么做，

142

当孩子睡不着的时候怎么办，如何培养意志坚强的孩子等。

"训练"和"管教"取代了"成长的重要阶段"，成为当红词语。

这是因为孩子在18个月之前没有行为问题吗？当然不是！毕竟，从某种角度来说，婴儿会引起各种各样的问题。可怜的、疲惫的父母不得不一直抱着他们，翻译他们的婴儿语，防止他们被弹珠和其他成百上千种东西噎着。然而，没有一本书叫做《训练孩子走路万无一失的方法》，没有一本书叫做《1—2—3：咀嚼食物》，也没有一本书叫做《如何养育不苟言笑的婴儿》。

虽然婴儿阶段有很多潜在的挑战，但重心仍是庆祝和欢乐——什么是正常的，什么是健康的，以及如何帮助孩子沿着旅程成长。我们一般不会试图催促他们成熟，如果一个新生儿刚从子宫里出来就抬起头，这根本不正常。

然而，对于年龄稍大的孩子，我们对就其年龄所处的阶段而言，什么是"正常"的并无充分认识，或者我们完全被误导了，因此期望与现实不符。我们看到了这个年龄典型的行为——侵略性、健忘、专横或不听话——我们误认为这些是任性、叛逆或没有教养的标志。

父母们在期望方面犯下的错误最多。

——多萝西·考克勒·布里格斯

你孩子的正常情况是怎样的

如果能够把孩子拒绝分享、不愿意洗澡，或者每隔10分钟就爱说"不"当作好事，也不错，因为在某种程度上，它们的确是好事。毕竟，如果你家孩子从来没有对你说过"不"的话，可能要带孩子看医生了。

当孩子以我们喜欢的方式成长时，我们欣喜若狂。但有时当孩子到了令人不太愉快的成长阶段时，我们忘了给快乐甚至幽默留出空间！你永远不会听到有人说："孩子4岁就开始骂人了！"或者"他5岁时把遥控器扔到我脸上！"当然，这是可以理解的。谁想被遥控器打脸？不过，对于一些5岁的孩子来说，发脾气时扔东西是完全正常的。这并不是说孩子选择了不恰当或暴力的行为。事实上，在大多数情况下，他根本不知道自己为什么要这么做。

注意：有些孩子在某些方面会比其他人成长得快一些或慢一些，因此观察孩子这个年龄的典型行为，以及孩子在这个年龄段之前和之后的典型行为，都大有裨益。例如，如果你家孩子7岁，你既要观察7岁孩子的典型行为，也要观察6岁和8岁孩子的典型行为。

提供这些信息的目的有两个：

首先，它提醒你要对自己宽容。当我们开始教孩子们某些课程、道德、技能或礼仪，发现自己的努力付诸东流时，就会立刻责备自己。如果我们实行的是以心为本的教育方式，甚至会担心这是因为自己没有使用惩罚、贿赂或奖励。但我们的教育必须与孩子的大脑发育相结合。你当然可以向孩子介绍课程、道德、技能和礼仪——就像用枕头支撑婴儿来模拟坐起来的感觉一样。但无论你用玩具贿赂婴儿多少次，他都不会自己坐起来，直到他有足够的体力去实现。当孩子在晚饭时把事情弄得一团糟，对其他人缺乏同理心，或者拒绝分享或道歉时，无论你多么频繁地表达自己的不满，他都不会奇迹般地好转。我们不能指望孩子们在身体上、情感上、智力上和社交上都准备好以后，才真正地以某种方式行事。通过了解孩子们的能力——他们的年龄和人生阶段的典型特征是什么——我们不仅可以让孩子们放松一点，也可以让我们自己放松一点。

其次，了解孩子成长的具体情况有助于解释孩子为什么会时不时地养成一些不好的习惯。它可能会帮你向家人、朋友和其他持怀疑态度的人解释，为什么你不为孩子发脾气、不礼貌或说脏话而担心（这也会让你有信心完全忽略那些反对者）。

充分了解情况的父母能够迅速解决大量问题，想想看：

• 如果妈妈明白3岁孩子会被闪亮的东西所吸引，可能就会心平气和地和孩子说："嗨，小家伙儿，我猜你看到这家商店里所有的炫酷东西都会很兴奋，但如果你碰到它们，它们可能会碎掉，在店里的时候我想让你拉着我的手。"而不是威胁说，如果他继续摸商店里的东西，就不按照原计划带他去吃冰激凌了。

• 一位4岁小姑娘的爸爸，当明白4岁孩子的典型特征后，面对孩子插嘴，也只是会问一句"为什么"，并更有耐心地去回答问题，而非威胁女儿暂停活动。

- 妈妈认识到6岁的女儿在学校待了一整天回家后可能会崩溃或发脾气后，这并不意味着女儿被宠坏了，小题大做，或者直到她毕业每天放学她都会变得情绪化。当妈妈认识到这一点可能会放松下来，使她能够更好地与孩子练习同理心，而不是把孩子关在房里，告诉她不平静下来就不准出去。

- 知道自己15岁的儿子已经到了同龄人优先阶段的父亲不会把孩子的拒绝放在心上，也不会因为儿子拒绝参加家庭活动而感到内疚。相反，父亲会积极支持孩子的友谊，甚至为孩子寻找新的机会来锻炼其独立性。

不要针对个人

有一次，我们认识的一位父亲对小儿子的行为非常恼怒。"你想惹我生气吗?"父亲厉声说。"不，爸爸，"男孩回答，"我只是想让自己开心。"父亲的语气立刻缓和了下来，意识到儿子这句话是多么睿智，学会了在儿子行为背后静静地寻找"为什么"。我们能提供给父母的最好的实用工具之一就是"不针对个人"，或者叫Q-TIP。

通常情况下，你是孩子们最糟糕时刻的承受方。你会想——甚至相信——如果自己是一个更好的家长，或者使用不同的方法，就不会有这个问题。但这并不意味着你做错了什么——或者你的孩子做错了。以心为本育儿法的好处在于，它确保你和孩子之间的关系是紧密的，保持其自尊的完整性，那么大部分育儿工作就完成了。一定要善待自己，对自己的期望要有理性的认识，把适合孩子年龄的行为视为其人生的一个需要引导的阶段，而不是一个需要解决的问题，最后，不要再把事情看得那么个人化。

4个通常不是问题的"问题"

当孩子不能安安静静地坐上5分钟，或者推搡了最好的朋友，或者即使你叮嘱他100次这是礼貌却仍然不说"请"或"谢谢",且丝毫不感到惭愧时,你也许会感到不安,甚至沮丧。但这些真的是问题吗?一起来寻找答案吧。

1. 我的孩子不分享

真正意义上的分享最早发生在4岁左右,但对于大多数孩子来说,直到7岁左右才会真正产生分享的欲望。这是因为孩子们只有理解了所有权的概念才能理解分享。为他们树立分享的榜样是最健康的事情,因为孩子们喜欢模仿父母的做法。在孩子还没有发育成熟的时候强迫他们分享,很少会让孩子更愿意分享,而且会被解读为从孩子的情感银行账户中抽走一大笔钱。

2. 我的孩子很自私

在4岁之前,孩子的大脑还没有同理心和同情心的概念。如果你问一个小孩,她是否会因为伤害另一个小孩而感到难过,她通常会说:"不会!"如果你问这个孩子她是不是有意伤害另一个孩子的,她通常会说:"是的!"这是一个还没有同理心的孩子给出的诚实回答。孩子的大脑将发育到20多岁,这意味着他们的额叶——同理心的大本营——可能在他们搬出家住之前都无法完全理解。所以,当5岁、10岁或15岁的孩子时不时地看起来完全以自我为中心时,不要担心。人类的成长就是这样。

3. 我的孩子很粗鲁

令人惊讶的是,真正的感激之情要到7—8岁才开始形成。小孩子可能会记住并重复"请""谢谢"和"对不起"这几个词,但他们可能无法真正理解为什么要这样做。海伦·R. 内维尔(Helen R. Neville)是一名护士、教育家,曾写过几本关于儿童性格的书。她认为,这是因为孩子需要生活经验来理解对别人来说"滚开"意味着什么。尽管如此,拒绝道歉或缺乏对他人的基本考虑仍可能成为父母发怒的导火线。当孩子大声地表达他们对礼物的不屑,或在大人面前发表麻木不仁的评论,或者干脆地拒绝说"对不起"时,这可能会令人尴尬,颇有压力。很多时候，基于自己的成长经历，我们的本能是在公开场合责骂他们或在私下里为之烦恼。但在8岁之前，这种情况下的孩子并不是粗鲁，而是表现出与年龄相称的诚实。诚实是一种价值观，比"礼貌"能更好地为孩子服务（毫无疑问，学会礼貌而不是诚实的女孩在以后的生活中更容易受害。"不要碰我"，这是一个诚实的说法，但不一定是"礼貌的"说法）。

听着，没人喜欢孩子说粗鲁的话，这很令人气恼，这让他们看起来很有权力。但从长远来看，对孩子的辱骂和羞辱会对你不利。所以，像往常一样，试着把注意力放在感受上，而不是感受被表达的方式。"看起来你对我给你的新游戏很失望……"然后把游戏拿走。

4. 我的孩子退步了

时不时地有一点倒退也在意料之中，也是自然的，成长是一条"曲折的道路"，父母最好不要说"你过了做这种蠢事的年龄"——这会侵蚀自我价值。如果孩子们觉得稍微倒退一点仍然是安全的，他们通常会成长得更快。

不要为小事烦恼

人们有一种错误的观念，认为太频繁地说"是"会宠坏孩子，或者一旦你说了什么，就一定要坚持到底。有坚持一致的时候，也有灵活多变的时候，后者有解决权力斗争的魔法。

当孩子在某件事上挑战你时，泰和琳达建议你问自己3个问题：

1. "孩子的行为不健康吗？"

2. "孩子的行为是不安全的吗？"

3. "这在道德上令人反感吗？"

如果答案是否定的，问问自己为什么要阻止孩子做他想做的事，或者要求他做他不想做的事。是文化规范吗？其他父母的压力？还是你害怕自己变得优柔寡断或过于放纵？如果你真的放手了，最坏会发生什么事？最好的事情又是什么？

我们做父母的有一种惊人的能力，能在小事上大费周章。但我们不需要这样，为了亲子关系，我们可以放弃一些小事。如果这样可以的话，我们何乐而不为呢？

父母倾向于为此"大费周章"的小事情：

- 态度
- 分享
- 凌乱
- 家庭作业
- 食物
- 卧室
- 餐桌礼仪
- 倒退
- 举止
- 头发
- 衣服
- 发脾气

有时我们忽略了这样一个事实：孩子的成长不仅值得理解，而且值得庆祝。通过熟悉孩子的成长阶段，我们可以做到这一点，我们不必担心我们所经历的小烦恼会持续下去，事实上，几乎可以肯定这些不会持续很久。

■ 打人虽然在成长阶段中是正常的，但仍然不应该

某个年龄段的典型行为并不总适合家庭，仅仅因为一个孩子的攻击性在其所处的年龄或阶段是正常的，并不意味着人们会允许这样，当然也不会忽视它。甚至一些"正常行为"也需要干预和指导。合理的限制和界限总是需要的，我们很快就会谈到这一点。

然而，因为孩子打人而羞辱、操纵或惩罚他却不恰当。我们以前说过，但在这里要再次重申：惩罚通过恐惧促成服从。尽管恐惧可能在短期内"奏效"，但代价高昂。那个4岁时害怕你的小孩？他不会永远害怕你，你在他心中种下的恐惧很可能会变成怨恨、敌意甚至愤怒。你为"良好的行为"而牺牲了自己和孩子的关系。

当孩子面临的挑战超出本书范围时

本书专注于10个真相——它们可以解释孩子的很多行为。但这个规则也有一些例外。这些异常包括挑战与身体不适（疲劳、饥饿、疾病、过度刺激、青春期），以及那些根植于某种类型的童年不幸，如：

- 滥用药物
- 多动症
- 自闭症
- 家人死亡
- 离婚家庭
- 情感障碍
- 极度贫困

- 精神疾病
- 忽视
- 其他非典型挑战
- 身体残疾
- 虐待
- 突然或极端的生活变故
- 创伤

我们的工具箱中从未说过："如果孩子饿了就给他喂饭""如果孩子过度兴奋就把他从金碧辉煌的餐厅带走""如果你怀疑孩子有精神疾病就带他去看医生"或"确保孩子生活在安全的环境中"。我们相信你做这些事情是自然而然的。当然，我们的建议并不能代替专业的帮助。也就是说，即使你面临着一个与生理需求相关的挑战，或者一个可能需要外部干预的问题，我们的10个真相仍然在起作用，我们的工具箱仍然有价值。在你的方法中保持以心为本，孩子可能比以往任何时候都更需要它。

我们口中的青少年的不服从，通常只不过是孩子走向独立的正常成长过程。

—— 多萝西·沃尔特·巴鲁克

改变育儿任务：确定孩子的成长阶段

查看一下孩子的情感和行为阶段，以及比他小一岁和大一岁孩子的典型行为，这些行为熟悉吗？名单上有什么惊喜吗？现在想一下当你对某个阶段的行为作出消极反应的时候。如果你放手了会怎么样？

附：关于成长阶段的工具箱在下一章的末尾。

第七章

真相5

所有孩子都有与生俱来的天性气质

有时孩子的喜好会让我们摸不着头脑。即使在同一个家庭里由同一对父母养大，为什么一个完全正常的孩子会比其他完全正常的兄弟姐妹怀着更多的恐惧、更丰富的感情或更少的好奇心来看待这个世界呢？

绝大多数情况下，这些事情都可以归结为气质特征——也就是说，我们的个性是基于基因编码的特征。

需要明确的是，很多关于气质的文章都是理论的、过时的或误导人的。一些网站仍然会提到的"4种气质"——多血质、胆汁质、抑郁质和黏液质——实际上并不准确。很多人把气质和个性混为一谈，就好像它们是同义词一样，但它们不是同义词。我们在此谈话的气质是一种天性气质。

天性气质：一个人天生的、个人的倾向。气质特征是遗传的，并不容易被改变。

个性：一个人被他人所体会到的品质。个性始于天性气质，但随着环境的改变而改变，并在一段时间内逐渐形成。

当然，天性气质和个性之间有密切的联系，因为个性特征是由天性气质特征演变而来的。但个性很容易受到环境的影响。一旦孩子离开子宫，他们就开始适应周围的环境，接受父母、文化和社会的暗示，并相应地调整自己的行为。随着时间的推移，真正的天性气质转变为个性，使遗传的特性或多或少变得不可见。

然而，尽管婴儿遗传的天性气质可能不是长期性格的可靠预测者，但它们确实让我们深刻地了解了孩子最真实的"自我"。一个"自我"总是存在于所有这些层次的经验和智慧之下——即使在他非常非常老的时候。

一项关于气质特征的有趣研究

《气质的天性》（*The Temperamental Thread*）的作者杰罗姆·凯根（Jerome Kagan）是当今非常有影响力的研究气质的专家。虽然这个名字算不上家喻户晓，但值得注意的是，他被评为20世纪最杰出的25位心理学家之一，仅次于卡尔·荣格（Carl Jung）和伊凡·巴甫洛夫（Ivan Pavlov）。

由于气质对这本书的重要性，以及公共范围内对其的误解，我们觉得从真正了解它们的人那里获得事实很重要。我们通过电话联系了凯根在哈佛大学的办公室。

凯根告诉我们，人类有多达10000种不同的气质与其遗传密码相关联。他解释说，每个人的气质都可能使他对光敏感、入睡慢或者容易笑，等等，然后这些气质以独特的方式结合在一起，形成了性格的基因块。他把这些基因块称为"气质倾向"。

"你的经历，"他解释道，"把那些最初的倾向变成了个性——比如外向、内向、精神变态、冲动。"

当我们成年的时候，几乎不可能从一个人的个性中推断出他与生俱来的气质，因为先天和后天被紧密地嫁接在了一起。然而，孩子越小，我们越有可能"看到"他们性格中的遗传成分。

20年前，杰罗姆·凯根和他的团队发起了一项迄今为止最重要、持续时间最长的关于气质的研究。研究小组在4个月大的婴儿身上分离出了两种截然不同的性格差异：第一组被称为"低反应性"，他们乐于接受新照片，喜欢大声音，而且容易安抚。80%的婴儿属于这一组。第二组，包括另外20%的婴儿，被称为"高反应性"。他们很容易受到惊吓，一听到巨大的噪声就脸色发白，一看到不熟悉面孔的照片就哭，更难以平静下来。所有的孩子都被观察了很多年。

尽管凯根的研究有许多引人入胜的角度，但我们想要强调的是，当父母忽视孩子的气质倾向时，或者更糟的是，试图强迫孩子"克服"他们的倾向以适应文化规范时，会发生什么。

凯根讲述了一个令人心碎的故事，有一个高反应性男孩，他成长的家庭既不支持也不接受他天生的内向性格。男孩的父亲是一名足球教练，他坚持要儿子踢足球，要有闯劲，要无所畏惧。

"但这孩子做不到，"凯根说，"这把男孩吓坏了。"

凯根一直观察着他，直到他成年。

你不希望父母试图改变孩子的气质。你的气质就跟脸型一样，是不会改变的。

——杰罗姆·凯根

"在他22岁的时候，"凯根谈到这位足球教练的儿子，"他是个非常不安、焦虑的年轻人，生活很艰难。"这都是因为"他的父母不能理解或接受孩子的胆怯"。

这正是为什么我们认为，父母能够识别孩子的天生倾向，并尊重这些倾向，而不是试图把孩子塞进根本不适合的盒子里，是如此重要。

温和的指导是关键

并非所有与生俱来的东西都是好的。

凯根说，当父母无意中试图控制孩子的天性气质模式时，孩子的自我价值感会直线下降，亲子关系也会受到影响。凯根说："如果家长因为孩子总是很谨慎而唠叨一个高反应性孩子，那会让孩子生家长的气。孩子会觉得自己不受重视。这肯定会导致以后的问题。"

"需要明确的是，气质倾向性既不坏也不好。每种特质都有利弊，这取决于孩子所成长的文化和家庭。有些人比其他人更适合特定的环境，有些人可能比其他人更适合你的家庭。一个天生谨慎的父亲可能更喜欢一个天生谨慎的女儿，一个渴望新体验的母亲可能更希望她的儿子也是这样。"

即便如此，当我们了解到孩子的某些特性是根深蒂固的，在出生时就存在的，是不可改变的，我们就更有可能在处理与自己不同的气质倾向性时有更多的耐心。当我们有不止一个孩子并且想要比较他们的时候，这一点尤其有用。

谨慎你给孩子贴的标签

我们不主张给孩子贴标签，标签常常不准确、不公正地对他们进行分类。但让我们面对现实吧：人类是天生的评估者、评价者和评判者。我们往往会给孩子贴标签。

鉴于这一现实，我们想与你分享以下列表。孩子身上的负面标签往往反映了被忽视的优点。如果我们必须贴上标签，为什么不贴正面标签呢？

负面标签和感知	正面标签和感知
咄咄逼人的	有主见的
专横的	有领导力
谨小慎微的	有直觉的
要求高的	清楚知道自己要什么的
分心的	有洞察力的
戏剧性的	活泼、风趣的
情绪激动的	精力充沛的
狂野的	热情的
不耐烦的	知道如何放松
懒惰的	活在当下，放松自己
爱操纵的	有魅力的谈判高手
爱管闲事的	对生活好奇并感兴趣
敏感的，情绪化的	发自内心的和真心的

负面标签和感知	正面标签和感知
讨厌的	娱乐的，有趣的
挑剔的	会选择的
冒险的	实验并探索的
利己主义的	自我肯定
害羞的	沉稳的
固执的	意志坚定的
顽固的	坚持不懈的
爱说话的，爱唠叨的	友好，善于交际

8个维度帮你识别孩子的天性气质

尽管凯根担心（我们也有理由这么认为）误把天性气质与个性混为一谈，但如果我们不列出一份通常用来鉴别儿童天性气质的清单，那就是我们的失职。这有两个原因。

首先，科学家们还没有分离出这些特征的遗传标记，因此我们不能称之为"真正的气质"，但这些特殊的特征确实在幼儿时期就出现了——如果没有其他因素的话，这揭示了某种气质倾向的可能性。

其次，事实证明，这份清单对很多父母——包括我们——都非常有帮助，帮助他们把握孩子的天性气质，找到鼓励和控制这些倾向的方法，而不是与之相悖。

你认为不好的东西可能会发挥孩子的才能，你认为好的东西可能会扼杀同样的天赋。

——弗朗索瓦-勒内·夏多布里昂

8个气质特征

教育学家兼作家玛丽·希迪·库钦卡曾建议，在养育孩子的过程中，用

1—5分制来确定孩子的气质特征，其中最极端的情况分列每一气质特征两端。我们认为这是有帮助的，因此把下面8个气质特征以同样的方式组织，并给出了我们的提示和建议，以及如何鼓励气质特征落在两侧极端的孩子。

当你在列表中寻找答案的时候，试着让孩子落到每个刻度上，然后圈出最合适的数字。这是你孩子的"气质画像"。

1.情感强烈程度

你孩子的情绪反应有多强烈？他是笑得很起劲，哭得很起劲，还是更安静、更含蓄地表达自己的情感？

1　2　3　4　5	
反应温和	反应强烈
鼓励性情温和的孩子 ●"你感觉怎么样？" ●"听起来你好像很难过，你还好吗？" 针对性情温和的孩子，家长要 ● 如果你是一个紧张的家长，要意识到自己的反应，要知道，你的强烈反应可能会压倒孩子的想法。 ● 倾听孩子的说法，让他用自己的方式告诉你。	鼓励反应强烈的孩子 ●"你非常热情，善于表达，充满活力。" ●"你知道如何表达自己的感受。" 针对反应强烈的孩子，家长要 ● 教导和示范自我平静的技能。 ● 尊重和欣赏孩子的强烈感受，不要阻滞情绪的流动。

2.执着

你的孩子对一项活动的注意力能持续多久？或做一件困难的事情能坚持多久？

1　2　3　4　5	
低持久性	高持久性
鼓励缺乏毅力的孩子 ●"你似乎感到沮丧。" ●"你会做什么？"	鼓励坚持不懈的孩子 ●"你很有决心。" ●"你看起来很喜欢你正在做的事情。"

	1	2	3	4	5	
低持久性				高持久性		
针对缺乏毅力的孩子，父母要 ● 逐渐增加任务的难度。 ● 提供机会让孩子取得小的胜利。			针对坚持不懈的孩子，父母要 ● 给孩子额外的时间来完成一项任务。 ● 运用双赢的谈判技巧，在时间紧迫的时候提前达成共识。			

3. 敏感性

你的孩子对轻微的噪声、情绪、温度、味道和质地的差异有多敏感？他是否容易对某些食物、衣服上的标签、恼人的噪声或压力作出反应？

	1	2	3	4	5	
低敏感性				高敏感性		
鼓励低敏感性的孩子 ● "你感觉如何？" ● "倾听自己的身体。" 针对低敏感性的孩子，父母要 ● 通过艺术、烹饪和音乐教育孩子自我意识。 ● 如果你是高敏感的，而你的孩子是低敏感的，你可能想要在介入之前拟定共同协议（见第十一章）。			鼓励高敏感性的孩子 ● "你注意到＿＿＿＿＿＿＿了。""噪声令人讨厌。""衣服上的标签会让你感到不舒服。" ● "你是个很会做选择的人。" 针对高敏感性的孩子，父母要 ● 注意孩子在噪声、视觉、听觉方面受到了多大刺激。 ● 教导孩子注意不适，并尽早与你沟通他的需求。			

4. 注意力分散度

外界事件有多容易让孩子分心？他是不是因为有别的事情引起了他的注意，而经常忘记做自己本来要做的事情？

	1	2	3	4	5	
注意力集中			**注意力容易分散**			

鼓励注意力集中的孩子	**鼓励注意力容易分散的孩子**
●"你喜欢保持专注。"	●"你需要认真听指令。"
●"你喜欢完成任务。"	●"你对很多东西感兴趣。""你很随性。"
针对注意力集中的孩子，父母要	**针对注意力容易分散的孩子，父母要**
● 提前计划，给孩子时间完成任务。	● 和孩子保持眼神交流，爱抚地抚摸孩子，并让他听你的指令。
● 如果你很容易分心，不要打断孩子；相反，要尊重孩子集中注意力。	● 限制自己一次给出指令的数量，并限制房间内刺激物的数量。

5.适应性

你的孩子能多快适应计划或日常事务的变化？他适应新环境和地方的速度有多快？

	1	2	3	4	5	
适应性快			**逐渐适应**			

鼓励适应性快的孩子	**鼓励逐渐适应的孩子**
●"你很灵活，很随性。"	●"你喜欢提前计划好的事情。"
●"你似乎喜欢变化。"	●"你似乎喜欢按部就班，井井有条。"
针对适应性快的孩子，父母要	**针对逐渐适应的孩子，父母要**
● 如果你是一个适应性弱的家长，可以灵活地改变日常生活，以满足孩子快速适应的需要。	● 设计例行程序并解释一天的计划。留出时间从一个活动过渡到另一个活动。
● 运用双赢的谈判技巧来改变计划（见第十一章）。	● 在规划活动时，限制所需的过渡次数，留出时间来结束和完成任务。

6.规律性

你的孩子在饮食时间、睡眠时间和其他生理活动方面有规律吗？你孩子的习惯是可预测的还是不可预测的？

	1	2	3	4	5	
规律的						不规律的

鼓励规律的孩子
- "你喜欢一致性。"
- "你喜欢例行公事。"

针对规律的孩子，父母要
- 如果你生活不怎么规律，孩子需要的规律性可能比你提供的更多。
- 尊重孩子可预见的行为。

鼓励不规律的孩子
- "你很随性。"
- "你喜欢每天在不同的时间吃饭和睡觉。"

针对不规律的孩子，父母要
- 尽快教会孩子自助技能。例如，如何自己做饭。
- 期望不规律的孩子需要更长的时间来适应日常生活。只要耐心和坚持，她就能做到。

7. 活动强度

你的孩子总是在活动，他是忙碌的还是安静的？他是跑跑跳跳感觉更好？还是可以安静地坐着玩很长时间玩具？

	1	2	3	4	5	
低活动强度						高活动强度

鼓励缺乏运动的孩子
- "我注意到你处理事情很冷静。"
- "你似乎真的很喜欢安静的活动。"

针对缺乏运动的孩子，父母要
- 如果你很活跃，尊重孩子，并为他们较低的活动水平做好计划。
- 一起根据他的活动水平选择合适的运动或爱好。

鼓励活动强度高的孩子
- "你喜欢在学习和玩耍时使用身体。"
- "你确实需要经常动一动。"

针对活动强度高的孩子，父母要
- 为孩子充沛的精力做好准备，提供许多跑步、跳跃和攀爬的机会。
- 在孩子必须静坐很长一段时间之前，确保为他提供活动和空间，同样，久坐之后也要提供同样的机会。

8. 接触新事物

你的孩子对新观念、新活动、新地点、新人物有何反应？她是倾向于直接扑上去，还是先观望？

	1	2	3	4	5	

好奇心强，直接扑上去	很谨慎，在扑上去前先观望
鼓励好奇心强的孩子 ● "如果你想要……，告诉我，我们一起来做。" ● "玩得开心。"（同时，记住要重申他人的限制和界限） **针对好奇心强的孩子，父母要** ● 找到一种方法，让她在你的限制和界限内做她想做的事。 ● 提前订立共同协议。	**鼓励谨慎的孩子** ● "慢慢来，先看再说。" ● "你可以考虑一下，然后决定什么是最适合你的。" **针对谨慎的孩子，父母要** ● 如果你希望孩子参与进来，那就提前到达或参观新地方。 ● 让孩子提前知道会发生什么，告诉他将要发生的事情。 ● 为孩子树立榜样，告诉他们什么是安全的，谁是安全的，让他看到你和别人互动。比如，在孩子上第一节游泳课前，教练会告诉他谁是安全的。 ● 让孩子充分表达自己的感受，倾听，并抱有同理心。 ● 不要强迫孩子做他害怕的事情。

改变育儿任务：你和孩子的天性气质匹配吗？

一旦确定了孩子的天性气质特征，试着找出你自己的天性气质特征，以及配偶或伴侣的天性气质特征。找出一些容易让你产生抵触情绪的气质特征，并写下下次你能说的鼓励的话，或者做鼓励的事，而不是批判性的话或事。"哦，孩子，你今晚精力真充沛！"而不是"你这简直让我折寿，你知道吗？"

成长阶段与气质工具箱

当涉及与孩子年龄成长阶段或天性气质有关的挑战时，使用这个工具箱。孩子某个年龄段的典型行为包括蔑视、语言粗俗、拒绝分享、不礼貌、大声打嗝、打人、说谎、探索性、发脾气、抱怨、顶嘴、翻白眼、无视父母，以及认为父母是地球上最讨厌、最不酷、最令人尴尬的人。天性气质特征包括情感强度、持久性、敏感性、注意力分散、适应性、规律性、活动水平和对新事物的态度。

- 检查孩子的成长阶段。

- 调整预期。

- 不针对个人。

- 预料到孩子的退步。

- 了解孩子的天性气质特点。

- 针对孩子的天性气质特点，说鼓励孩子的话。

- 针对孩子的天性气质特点，确定独特的育儿机会。

- 注意标签。

- 不要小题大做。

请在这里添加你的笔记：

_____

_____

第八章

真相6

所有孩子都模仿他们的主要照顾者

一次，一位与自己刚成年女儿的关系脆弱的母亲，给泰和琳达发了一封电子邮件，征求他们的意见。这位母亲抱怨说，她最近刚从海外旅行回来，发现女儿把头发染成了"一种不自然的淡橙色"。在机场看到女儿后，她脱口而出："你把头发怎么了？"然后就开始大谈特谈这样的形象找一份工作有多难。

女孩感到受到了伤害，怒不可遏，母女关系破裂了。泰和琳达约见了这位母亲和她的丈夫，向他们提供一些急需的建议，那位母亲顶着一头紫色头发参加了会面。

有时，我们意识不到自己的榜样对孩子的影响有多么大。当涉及我们如何与孩子互动，我们选择如何利用自己的时间，如何展示自己，谈论自己的方式，以及更多方面，到目前为止，自己做榜样是我们拥有的最重要的教育工具。

诺贝尔和平奖获得者、哲学家阿尔贝特·施韦泽（Albert Schweitzer）曾经说过："教育孩子只有三种方法。一是以身作则，二是以身作则，三还是以身作则。"

孩子会非常注意我们问候朋友的方式，帮助邻居的方式，在机场撞到人时道歉的方式，以及当陌生人在街上绊倒时我们释放出的善意，等等。事实上，孩子们不会通过被人教导而学会如何成为一个体面的人，他们通过观察好人好事来学习成为好人。

的确，有时我们会发脾气，我们开车太快，花太多时间上网，喝了太多酒——但是，嘿，我们正在努力！将我们做好榜样的次数与没做好榜样的次数相对比，没什么好比较的。我们通过自己的行动向孩子们展示，如何在这个世界上做一个好人，就像我们的父母为我们做的那样。

但我们必须有耐心。我们的道德标准不是孩子们从小就内化的东西。他们必须看到这些标准在童年被重复很多次，然后才能真正地把这些标准融入他们自己的生活。

具有讽刺意味的是，我们现在越是努力要求孩子展示我们的价值观、举止或道德，此时他们就越不愿意与我们合作。我们越是关注他们屡屡未能做"正确"的事情，就越是把他们从我们身边推开，从而削弱我们本来可能拥有的任何影响力。这正是为什么一头紫色头发的妈妈最终来到哈特菲尔德家的客厅。

> 榜样不是教育方式的一种，而是唯一的教育方式。
>
> ——阿尔伯特·爱因斯坦

不仅我们对朋友、邻居和小区里人的行为是孩子的榜样，而且我们直接对待孩子们的方式，我们对他们说话的方式，对他们长大后与自己说话的方式有很大的影响。如果我们充满爱意地对他们说话，他们可能也会充满爱意地对自己说话。如果我们把他们的梦想和抱负看得很重要，他们很可能会追随这些梦想，并在一生中不断发展新的抱负。

同样地，如果我们批评孩子，或者要求他们达到非常高的标准，他们很有可能会批评自己，并挣扎着认为自己的成就"足够了"。如果我们给他们犯错的空间太少，他们就更有可能采取完美主义倾向，把自己的缺点与价值和尊严的丧失联系起来。如果我们骂他们或质疑他们的选择，他们长大后会骂自己，并不断质疑自己的选择。

当然，我们的自我对话也是如此。我们自己的声音——除了自己没人听到的声音——是由父母的声音塑造的。我们感知自己的方式和父母感知我们的方式非常相似。当然，这种看法可能是有缺陷的——我们对父母感受的看法往往是完全错误的。但没关系，我们的感知变成了自己的真理。

思想实验：描述你的孩子

在继续之前，我们想在此暂停一下，请你花一分钟完成这个练习。这个练习在以心为本的育儿课堂上引起了重大的顿悟。你需要现在就完成它，继续向前，否则顿悟将会丢失。

在这个练习中，请说出至少3个消极品质、行为的形容词，你认为这些品质、行为的形容词描述了你孩子现阶段的生活，特别是那些似乎最能激发你的品质或行为的形容词。

在我的孩子目前的年龄和阶段，他是或可能是：

_____

_____

接下来，想想你认为描述你的孩子在这个阶段的积极品质、行为的形容词，特别关注那些你赞赏的特点或行为。

在我的孩子目前的年龄和阶段，他是或可能是：

_____

_____

谢谢！我们将在本章后面重新讨论这个问题，请继续关注。

作他们的榜样

我们成年人会对自己过于苛刻，当我们忘带手机，不得不回家拿时，我们会咬紧牙关。当我们打碎了杯子，或者做坏了一盘饼干时，会破口大骂。即使是很小的错误，我们也会严厉地评价自己。

"这太愚蠢了！"有一次，我从高速公路上走错了出口，心不在焉地自言自语道。"你应该开车去大学！"当时3岁的儿子在后座上告诉我，把我拉回了现实。

孩子们会犯很多很多的错误，这就是他们学习的方式。然而，我们做父母的有时会对自己的错误表现出较低的容忍度，我们甚至可能对孩子隐瞒错误，以避免显得自己软弱，或者像我这样，显得"愚蠢"。

孩提时期，我们中的许多人被教导要隐藏错误，自我防卫、为错误找借口、责备他人或过度道歉。是时候停止这种循环了。与其教孩子们否认他们的错误，我们可以教他们错误是不可避免的、必不可少的，最终甚至是人类经验的积极方面。但我们必须试着让自己更轻松，让自己犯"愚蠢"的错误，让我们的孩子看到这些错误的本质：没什么大不了的。

我们也必须尽我们所能去接受孩子们的错误，这些错误表面上看起来很容易，但实际上对我们许多人来说是一个棘手的领域，特别是那些倾向于对他人和自己进行严厉评判的人。

什么是投射

投射是一种不受欢迎的品质、冲动或行为，我们不承认自己有这种品质，但认为其他人会有。这些品质存在于我们的内心，但因为我们否认了它们，就无法在自己身上看到或认识到它们。相反，我们常常会下意识地把这些品质牢牢地隐藏起来，同时在我们周围的人身上公开地判断它们是"错误的"。

投射：一种心理学理论，认为人类通过否认自身存在上述行为、特征或冲动，而将这些行为、特征或冲动归因于他人，从而保护自己不受自身行为、特征和冲动的侵害。

投射可以是消极的，也可以是积极的。消极的投射是自我保护的一种形式，使我们免予陷入为自己制造的骚乱承担责任。积极的投射源于我们没能认识到自己的积极特质。

投射在我们所有人身上都极为常见。消极的投射解释了我们情绪上的一些"诱因"——也就是说，那些让我们一怒之下容易反应过激的事情。当我们抬高或崇拜别人时，积极的投射就会显露出来。

如果我对别人的不诚实反应过度，这可能表明我也不诚实——或者有能力不诚实。如果我对某人的勇气感到敬畏，那很可能是因为我在生活的某些方面很勇敢，或者我有能力勇敢。

当然，我们都有不诚实的时候，我们都有一定程度的勇气。但我们并不是简单地观察别人的不诚实或注意到他们的勇气。我们说的是这两种情绪都激发了我们的情绪，无论是积极的还是消极的。如此，我们知道内心的投射，也了解到内心潜藏的特质。

投射通常来自我们小时候的经历，因为我们的父母说过、教过或模仿过什么，或者因为我们自己经历过什么，我们认为某些行为是不正确的。我们知道，在某种程度上，我们拥有这些特点——或者相信我们拥有这些特点，因为别人告诉我们有这些特点——但是我们本质上否认了，或者可能根本没有意识到这些特点。

事实上，经常是这样的。

如何投射

投射常常导致我们对人做出判断，并给他们贴上标签。而且需要明确的是，其中的一些标签可能是真的！事实上，演奏出刺耳音乐的邻居可能只是粗心大意，但是注意到他的粗心大意和被他的粗心大意所触发是两码事。被触发意味着我们是在一种情绪低落的状态下作出反应。我们的观察没有什么是中立的，我们对这种行为肯定不满意。

消极的投射常包括"应该"和"不应该"（"他应该更负责任"）。积极的投射包括"我希望如此"（"我希望自己能像那样唱歌"）。例如，有个朋友借了你的车，还车时油箱是空的。如果你过去也曾利用过朋友的善意——我们当中有谁没有呢？——就更有可能被它触发。你可能会喃喃自语地说："我很生气，她竟然没想过要给油箱加满油。""这太自私了。她应该知道的！"

当"应该"或"不应该"映入你脑海时，这是你可能正在进行情感投射的一个危险信号。同样，"我希望我能……"也是这样的信号。

他应该对他所拥有的一切心怀感激。

他应该保持房间干净。

她应该穿别的衣服。

她应该准时到。

我希望我能像她那样唱歌。

我希望我能有她那样的耐心。

我希望我能像她那样勇敢，这样我就可以像她那样周游世界了。

我希望自己也能出版一本育儿书。

同样，注意到朋友忘记给你的油箱加油并不意味着你存在心理投射。例如，你可能会注意到油箱已经空了，然后想，下次我会让她知道要加满油的。

这两种反应的区别在于情绪的强烈程度。当你注意到一个人的行为时，你的反应是中性偏温和的；当你被一个人的行为触发时，你的反应会更强烈，并带有评判性（"她总是这样"）。

思想实验：描述你自己

现在是我们练习的第二部分。你还记得吗？你曾经用来描述孩子的品质和形容词，来描述自己。并在每个人的右边写上"就像我一样"。

"……就像我一样自私。"

"……就像我一样固执。"

"……就像我一样聪明。"

"……就像我一样有才华。"

透过"映射器"来审视我们与孩子的关系很有趣——不是吗？我们对他们作出的消极和积极的判断往往透露出我们自身的很多信息。

"那不是很有趣吗？"

需要明确的是，核心问题不是我们背负着童年的包袱，也不是我们有缺陷，更不是我们拥有不良品质，这是我们为生存在这个星球上所付出的代价。核心问题是，有时我们拒绝承认这些缺陷或品质，更不用说接受它们——然后我们把它们丢弃在别人身上。

例如，一个霸凌者会经常把自己的脆弱感受投射到受害者身上，然后攻击这种脆弱，因为他无法接受自己的脆弱。对批评反应过度的老师不能接受自己的批评倾向。而那些被孩子的错误所触发的父母很可能无法接受自己的错误。

所以，下次当你发现自己被孩子的行为所触发时，试着对自己说："这不是很有趣吗？"然后花点时间确认一下是什么在你体内引起了这种反应。

真实案例！

在写这本书的过程中，我回过头来，找到了当年我应哈特菲尔德夫妇要求对5岁女儿负面评价的笔记。我是这样写的："不耐烦、挑剔、尴尬（有时）、太爱说话、固执（有时）、亢奋（有时）、苛刻。"我还记得那些日子里深深思考着那些触发我灵感的事情，我还清楚地记得当我被要求在每个形容词旁边写上"就像我一样"时，我顿悟的那一刻。这对我来说很有意义。我的确是这样的人，至少有时候能够看到并接受，这让我从对女儿的苛责中解脱出来——或者从试图"修复"那些并没有真正坏掉的东西中解脱出来。从那一刻起，每当我发现自己对孩子有负面评价时，我就会把它发泄到自己身上。我时常这样吗？答案通常是肯定的。是的，我是这样子的。

要信任孩子，我们必须首先学会信任自己……我们大多数人在孩提时代就被教导不能被信任。

——约翰·霍尔特

治愈投射

确定投射从两个方面来看颇有帮助。其一，只是意识到这种情况就能使我们避免在愤怒之下采取行动，从而保护了我们与周围人的关系。其二，当我们承认投射时，可以试着"治愈"它们。

但是怎么做呢？

通过接受和原谅自己的行为，投射可以被治愈。我们可以通过认识到有时我们自己也会不耐烦，并原谅自己，来帮助缓和我们对他人不耐烦的反应。我们可以通过注意和接受自己有时也是不诚实的，来缓和对他人不诚实的反应。我们可以通过接受自己有时也有情感上的需要，来调节我们对孩子情感上的需要的反应。

尽管认识到我们的预测可能有助于我们"改善"自己，但重要的是要注意到，我们常常不需要被"修正"。我们的治愈之道在于接受我们的弱点和缺点，可以理解，人类的行为是由多年的个人经验造成的。

自我宽恕是一个强大的盟友。当你发现自己被触发并投射到别人身上时，对自己要有耐心。休息一下。为你所拥有的那些美好的、被低估的品质而自豪。然后把你的耐心、付出和回报扩展到你周围的人，尤其是你的孩子。

最终，这也可以让你教给你的孩子，让你的孩子在成年后有机会认识到自己的优点，原谅自己的缺点。

你是行为有问题的家长吗

成年人经常给孩子贴上"行为不端"的标签。但是，我们有没有可能把自己的"不端行为"投射到他们身上呢？看看下面你是怎么想的。

你有没有：

☐ 嘴里食物满满时说话？

☐ 不吃西兰花，吃冰激凌？

☐ 不知道穿什么好？

☐ 忘记说"请"或"谢谢"？

☐ 超过就寝时间熬夜？

☐ 不想一个人睡？

☐ 忘记刷牙？

☐ 乱扔东西？

☐ 打碎碗或盘子？

☐ 衣服上有食物污渍？

☐ 伤心或沮丧时哭泣？

☐ 感到无聊或紧张时，会坐立不安？

☐ 感到不自在时就抱怨？

☐ 想成为关注的焦点？

☐ 累了或者饿了时会变得暴躁易怒？

☐ 决定不分享东西？

☐ 接到电话时没有及时回家？

☐ 把你的衣服和东西放在附近？

☐ 喜欢玩或放松，而不是做家务？

☐ 需要反复提醒？

☐ 购物时很难只买必需品？

☐ 说话声音太大还是太频繁？

☐ 分心？

☐ 做白日梦？

☐ 花太多时间在手机上或电脑上？

☐ 对被告知该做什么感到恼火？

☐ 与他人相处有困难？

☐ 在情绪激动时避免眼神接触？

☐ 当得不到你需要的支持时变得孤僻？

☐ 当别人不认真对待你的感受或担忧时，你会感到愤怒？

☐ 喜欢别人为你服务？

☐ 当你悲伤或害怕时需要支持？

☐ 忘记把东西放在哪里了？

☐ 忘记带你的夹克了？

☐ 需要批准？

☐ 戒备心很重？

☐ 找借口？

☐ 为了不被别人反对，你会撒些小谎？

☐ 当没有被给予怀疑的好处时感到沮丧？

☐ 当你找不到事情做时感到沮丧？

☐ 自己坚持去做事或学习？

☐ 走神而不是听别人在说什么？

☐ 跳过阅读说明？

☐ 难以控制自己的情绪？

☐ 无缘无故变得暴躁？

☐ 拒绝拥抱和亲吻？

☐ 当被教训的时候走开？

☐ 很难说"对不起"吗？

☐ 当别人当着你的面谈论你的时候，你会感到不舒服？

☐ 感到压力还是匆忙？

☐ 对威胁、贿赂或其他形式的操纵作出消极反应？

☐ 被复杂的指令或解释搞得不知所措？

☐ 当你感到被误解时，你会感到难过？

☐ 当你不能随心所欲时，你会抱怨？

☐ 当你不得不在车里坐很长时间时，你会抱怨？

☐ 当天气不配合你的计划时，你会抱怨？

☐ 需要被爱和被重视的保证？

☐ 被赶出这个区域，大脑在域外，进入生存大脑模式？

有些投射可能永远不会完全消失，但通过深思熟虑和自我原谅，其中一些可以被忽略、减少或完全消除。你怎么知道消极的行为不再是一种投射？你能够在不被它触发的情况下观察它。

173

承认错误

在这种情况下，承认错误意味着为自己的错误行为承担责任。这种方式可以承认自己的角色，消除隔阂，并重新开始。当你发现自己发了脾气，注意到自己在孩子的情感银行账户里存款太少，或者认识到自己的期望不合理时，向孩子道歉。当你注意到心理投射会带来问题而无助于解决问题时，可能会陷入困境。承认错误也可以为孩子树立榜样，显示我们都会犯错误，都不完美，应该再给自己一次机会。

倒　带

父母们，当你生气或采取老办法时，要对自己宽容一些。关键是要尽快控制住自己，"倒带"回去。"倒带！我要重拍最后一幕。"

父母承担责任需要反思的6个问题

作为父母，我们面临的最困难的事情之一是承认自己的局限性、弱点和错误，并在我们与孩子之间产生问题时承担自己的责任。

在任何冲突开始前花点时间问问自己，"我是如何促成这种局面的？"以及"这里发生了什么我可能不明白的事？"在我们很多人都被迫放弃控制和愤怒的时候，一点点的自我反省不仅能让你变得耐心和谦逊，还能帮助你认清养育子女中的盲点。

无论何时、怎么样、在何处长大，我们都带着相当一部分的包袱长大成人。这并不意味着我们有糟糕的父母！这只是意味着，正如通常的情况，我们的父母把一些不适合的东西放在我们身上，就像他们的父母对他们之前所做的那样。也许他们错误地判断了我们需要什么，或者想当然地认为我们会"克服"他们的某些失误。很有可能，他们已经把他们的父母多年来告诉和教导他们的话内化了，只是简单地传递了一些信息，而没有更多的思考。

如今的父母几乎普遍依赖他们自己的父母、父母的父母、祖父母的父母所使用的抚养孩子和处理家庭问题的方法。与几乎所有其他社会制度不同，亲子关系似乎没有改变。有些父母甚至依赖于两千年前使用的方法！

幸运的是，这些世代循环并非没有出口，这些出口都被诚实的自我反省所照亮。

"承担自己的责任"只是改变育儿解决方案过程的一部分。它不会神奇地让孩子停止哭闹或消除敌意。请理解：知道我们扮演的角色并不意味着我们要为每一件不幸的事负责，也不意味着我们应该为我们的失误感到内疚。它只是让我们后退半步，更理性、更现实地看待当前的形势。

好的育儿方式不是天生的，用对待自己的方式来对待孩子，这才是自然之道。

——艾丽莎·索尔特

6个反思的问题

如果你在确定自己在某个挑战中扮演什么角色时遇到困难——同样，我们总是扮演某个角色——试着问自己这6个自我反思的问题：

1. "我是如何造成这种情况的？"
2. "这种挑战会因为投射而加剧吗？"
3. "出了什么我不清楚的事情吗？"
4. "我乐意看到自己成为这样的榜样吗？"
5. "我对孩子的期望是过高还是过低？"
6. "我该怎么做才能重建和孩子的关系呢？"

■ 迪士尼乐园的一天（永远不会有好结局）

假设你带着6岁的孩子去迪士尼乐园（上帝保佑你的小心脏）。这是漫长而美妙的一天，孩子想做什么，你都顺着他。但这时天色已晚，他也几个小时没吃东西了，该走了。但他对这种转变毫无准备，因此拒绝离开。你装出一副严肃的样子。当这招不管用时，你告诉他，如果他坚持离开时发脾气，你就不再带他来迪士尼乐园了。

现在他正从你身边逃跑，对你大喊大叫，使劲用米老鼠气球来吓唬你。这一次，你不用作出反应，而是坐在最近的一张长凳上，给自己一些时间来反思。

1.　**我是如何造成这种情况的？**

嗯，你了解6岁的孩子，也许你能够提前为可以预见的艰难过渡做好准备，多通知他几次，早点离开公园，确保他吃饱了，对他的感受表示同情。这需要更多的前期工作，但也许更和平的过渡是值得的。

2.　**这种挑战会因为投射而加剧吗？**

如果你小时候因为强烈的情绪或"表现出被宠坏样子"而感到羞耻，这种表现可能会触发你。不管你的反应如何，他的崩溃是不是意味着你的孩子出了什么问题？不是的。

3.　**出了什么我不清楚的事情吗？**

你手上有一个又饿又累，过度兴奋的6岁小孩。这一天以逻辑（"是的，爸爸，你说得对，已经晚了，我很累了！"）或是感激（"妈妈，谢谢你花了你的储蓄来这个主题公园！"）结束的可能性为零。

4.　**我乐意看到自己成为这样的榜样吗？**

老实说，不会乐意。你生气了，威胁他，而不是表现出耐心。你没有教儿子如何和平解决冲突，他也有样学样。

5.　**我对孩子的期望是过高还是过低？**

如果你希望他表现得像个成年人，那你的确对他的要求太高。他还是个小孩子，有他这个年龄段的要求要满足。他突然发脾气，并不意味着他自私或不合作。他只是个孩子，有正常需求，只是想再看一次唐老鸭而已。

6.　**我该怎么做才能重建与孩子的关系呢？**

也许你选择承认他的感受，让他吃饱，然后在离开前休息一下，因为你知道如果这样做，回家的路上会更平静。不管你立即采取什么行动，你都发誓以后你们会重新建立联系，那时你们都很快乐（吃得也很好）。然后你可以和他分享你被激怒的感觉，并为威胁他而道歉。你可以告诉他，离开有趣的地方是很困难，也许可以集思广益，想出一些办法，让他以后不再那么困难。

孩子向下，父母向上

当我们质疑自己的假设、注意到自己的心理投射，为孩子树立我们想要成为的榜样，并选择以自己希望被对待的方式对待孩子时——甚至当孩子此时由于年龄与生活方式所限，无法为我们做同样的事时——我们的育儿水平更上了一层楼。

事实上，正是这种当孩子"走低"时我们"变高"的能力，将优秀的父母与同伴区分开来。

当我们特别留意自己在应对为人父母的挑战中所扮演的角色时，自己获益颇丰，而给孩子带来的好处也不可估量。

回顾一下，下面是一些我们导致日常挑战的案例：

- 让孩子过度兴奋；
- 对就寝时间的限制不一致；
- 不会设定界限；
- 对孩子期待过高或过低；
- 无法兑现承诺；
- 为了让自己感觉良好，而导致孩子有依赖性；
- 让孩子在外面玩得太晚；
- 两顿饭之间间隔太长时间；
- 忽视孩子的情感需求；
- 过分为孩子做他自己能做的事情；
- 对孩子心理投射过于强烈；
- 反应过度/发脾气；
- 成为很差的榜样（"照我说的做，别照我做的做"的态度）；

- 使用情感阻滞词；
- 使用惩罚、贿赂或奖励。

真实案例！

当凯莉·哈特菲尔德6—7岁时，她把自己的房间弄得一团糟，这经常让妈妈琳达生气。每次琳达走进凯莉的房间，看到的都是乱七八糟的东西。"凯莉，你得把衣服捡起来，"她会说，"凯莉，你需要把你的玩具捡起来……凯莉，你该整理床铺了。当你玩的时候，别忘了把那些玩具捡起来。"她的唠叨没用，但还是没完没了。然后，有一天，她突然想到。这是凯莉的房间，不是她的房间。导火线就在她这里的，如果她想要维持与女儿的关系，就必须停止。她开始问自己："我是来看地板上的衣服，还是来看凯莉？我是来看望凯莉的。"从那天起，她就不再关注那些乱七八糟的东西，而开始关注她的女儿。没过多久，她甚至都没注意到衣服。几年后，她的女儿长大了，搬出了家，地板上再也没有衣服了。

改变育儿任务：反思上一次的冲突

回想一下你和孩子的最后一次冲突，或者等待下一次冲突。通过这6个反思性的问题，你在哪些方面导致挑战？

自我反省工具箱

当你面临某种方式引发的挑战时，请使用这个工具箱。例如，当你没能成为期待的榜样时，是自己引发了某些问题，把情绪投射到孩子身上，已经使用了一些情感阻滞词语或惩罚，还是对孩子的情感银行账户关注过少？

- 承认心理投射，无论是积极的还是消极的。

- 当被触发时，告诉自己："这不是很有趣吗？"

- 对自己希望看到的行为身体力行。

- 接受并分享自己的错误。

- 承认错误。

- 倒带。

- 问6个自我反思的问题。

- 实践自我原谅。

请在这里添加你的笔记：

_____

_____

第九章

真相7

所有孩子都需要机会来
自己解决问题

从前，有一位老妇人，请邻居的一个小男孩帮她照看几天蝴蝶蛹。

男孩热情地同意了。有一阵子什么也没有发生，但接着蝴蝶开始在蛹里移动，然后开始颤抖。男孩为蝴蝶感到难过，想帮它。他注意到蝶蛹上有一个小裂缝，就拿出小刀，把裂口切得稍微大一些。很快，蝴蝶出现了。它扑棱了一下翅膀，然后就掉到罐子底部，死了。

老妇人回来解释说，阵痛是蝴蝶成长的重要部分，这场斗争迫使液体从它的身体进入翅膀。如果没有这些液体，翅膀就无力飞翔。通过减轻蝴蝶的挣扎，男孩阻止了这个小生命获得生存所需的力量。

尽管我们的初衷不坏，但如今我们这些做父母的却太急于、太频繁地"照顾"孩子，剥夺了他们成长的一个重要里程碑——锻炼他们决策能力的机会——并在这个过程中把自己弄得疲惫不堪。

这一点儿也不奇怪。初为人父母，我们很快就习惯了为孩子做一切事情。婴幼儿百分之百地依赖我们，我们学着去满足他们的每一个需求，并且我们变得非常擅于此道！事实上，解决他们的问题成了父母的习惯，成为父母的第二天性。

当孩子们开始远离我们，遇到本应由他们来解决的问题时，我们甚至可能没有认识到这一点，当然也不喜欢这样。但解决问题就像任何其他技能一样，熟能生巧，第一次换尿布对我们而言是个挑战，等到第一百次换尿布时，我们闭着眼睛都能换，孩子也是如此。当我们让他们处理自己的问题，而且随着其年龄增长加大其负担的责任时，他们的能力和适应力会让我们刮目相看。

还有一个好处：因为我们不再把孩子的问题当成自己的问题，因此大大减轻了自己的压力。

父母要克制自己不直接给出解决方案

父母天生就爱出谋划策，这就是为什么我们中的许多人发现很难克制自己不去引导孩子走出各种困境。有时候，我们需要花费所有的精力来抑制托马斯·戈登所说的"发送解决方案"现象，也就是说，无论是否需要，我们都会提出自己的观点和意见。

不要让孩子的生活变得容易，这会妨碍他们。

—— 罗伯特·A. 海因莱因

对于我们中的许多人来说，当孩子出现问题或出现潜在问题，需要迅速解决时，我们习惯性地把"指导"强加给孩子，却没有意识到这让他们错过了挣扎之美好。例如：

- "有个孩子今天在操场上对你很刻薄？下次去告诉老师。"
- "你所有的校服都脏了？你应该把它们放进篮子里。现在我得马上洗一大堆衣服，这样才能在上学前洗好。"
- "你给全班同学买的情人节贺卡不够吗？剩下的就得手工做了，我去给你拿些纸来。"
- "外面很冷，穿上你的外套！"
- "别忘了带午餐。"
- "不要那样和朋友说话，那样太刻薄了。"

不幸的是，为孩子们发送解决方案往往会让他们感到"受压抑、被控制，更糟的是，长此以往，他们在成长过程中，希望能随时随地得到解决方案"。此外，我们的语言中经常充斥着评价、判断、批评、羞辱、说教——戈登说，所有这些信息，"都传达了不接受孩子原本的样子"。

"去告诉老师……你应该把衣服放进洗衣篮里……你太刻薄了。"

我们给出的解决方案的基调和语言就是这样，也是问题的核心所在。我们对孩子的接纳就像把液体推入蛹中蝴蝶的翅膀。我们的接纳是让孩子们感到自己足够强大，能够自己做决定，自己改变，自己成长。

发挥自然后果的作用

我们真的应该让孩子自己做所有的决定吗？即使我们很清楚他们以后会后悔这些决定？我们真的要接受孩子们所有的错误吗？即使他们一遍又一遍地做错？即使他们的行为看起来更像是粗心大意而不是错误？

那么，你该如何划定界限呢？显然，我们需要引导孩子，告诉他们什么是对的，什么是错的。如果他们的"决定"是走在车流前怎么办？如果他们的"决定"是在客厅里踢足球呢？

当我们引入一个被称为"自然后果"这一奇妙的、改变人生的育儿理念时，所有这些问题以及更多的问题都会迎刃而解。

寒冷天气里孩子忘记穿外套的自然后果是他可能会觉得冷。孩子不吃早餐的自然后果是他可能会饿。孩子在学校对朋友无礼的自然后果是朋友可能会在课间拒绝和他玩。自然后果是孩子选择或行为的结果。一旦父母介入，强加或增加后果，后果就不再是"自然的"了。

自然后果：孩子的选择或行为自然产生的任何结果。**自然的结果不能是父母强加的。**

自然后果造就了最好的老师，父母应该尽可能多地参与并提供服务。但这并不总是可行的。有4个重要的注意事项，让在没有干预的情况下，自然后果也发挥出来。在决定你是否要处理这些警告时，根据孩子的年龄问自己以下问题：

1. 自然后果不安全吗？

2. 这种自然后果不健康吗？

3. 是不是自然后果发挥作用的时间太长了，以至于孩子不能把行为和效果联系起来？

4.　自然后果会干扰任何人的个人界限吗？

走在车流前的自然后果是孩子会被车撞到（因为不安全，所以不能接受）。整天只吃垃圾食品的自然后果是孩子会感到不舒服（因为不健康，所以这也不可接受）。不刷牙的自然后果是孩子会长蛀牙（因为除了有损健康外，蛀牙的自然后果要等较长一段时间才能显现出来，孩子无法进行因果联系，因此也不可接受）。在屋子里扔球的自然后果是球可能打碎什么东西（这违反了界限，因此也不可接受）。

学会分辨究竟是谁面临的挑战

那么，最好由孩子自己解决的挑战，以及需要成年人参与解决的挑战，怎样才能迅速分辨出两者的区别？部分可以通过是谁"拥有"挑战，来确定是孩子的挑战还是父母的挑战。

孩子拥有的挑战是一种不直接涉及我们的挑战，孩子可以自己处理，对我们个人没有影响。出于关心孩子，我们可能会关心这个问题！但这个问题并不妨碍我们满足自己的需求。

孩子拥有的挑战：是一个与年龄相对应的问题，孩子可以自己解决，对父母没有实际影响。

如果孩子踢到了自己的脚趾，厌倦了自己的玩具，忘记了自己的储物柜号码，零花钱花得太快，或者和自己最好的朋友打架，那么这些就是孩子自己的挑战。再说一次，我们可能会关心这些情况——甚至有时情绪也会被处罚，但我们对如何解决这个问题没有利害关系，因为这不是我们的问题。

另外，父母拥有的挑战，是对我们现实世界有影响的挑战。孩子可能是问题的催化剂，但这些不是他们的问题。在接下来的两节中，我们将讨论如何解决父母所拥有的挑战。

父母拥有的挑战：对父母的现实世界有实际影响的问题，父母可以让孩子

来帮忙，但问题仍然由父母来解决。

测测自己：谁的挑战

在当今时代，父母们几乎把所有的挑战都当作自己的挑战。与所有父母一样，当我们意识到孩子们需要帮忙时，就已经习惯于投入行动。我们把他们的问题看作是自己的问题。不假思索地从他们稚嫩的肩膀上卸下重担，自己承担。

是时候停止这样做了。

给孩子多一点儿时间，他们对该做什么感到困惑是件好事，让他们体验伴随自然后果而来的悲伤或失望是件好事，鼓励他们继续努力解决问题并找到自己的解决办法是件好事。以下情况中，看看你是否能够确定这些是孩子拥有的挑战还是父母拥有的挑战。在每个语句下面写上"父母"或"孩子"。

1. 2岁的孩子在商店里发脾气。

---

2. 10岁的孩子忘了带雨伞。

---

3. 3岁的孩子不停地涂色洗澡。

---

4. 12岁的孩子在屋子里扔飞盘。

---

5. 9岁的孩子忘记做家庭作业。

---

6. 4岁的孩子连续3天穿着同样的短裤上学。

---

7. 5岁的孩子和最好的朋友吵架。

---

8. 8岁的孩子跟父亲顶嘴。

---

9. 11岁的孩子不会自己洗衣服，也没有干净的内衣。

___

10. 15岁的少年没能成为足球队的守门员。

___

11. 9岁的孩子不做家务。

___

12. 13岁的孩子抱怨无聊。

___

13. 14岁的女孩把湿毛巾扔在木地板上。

___

14. 16岁的孩子没有钱去看电影。

___

15. 17岁的孩子不能按时提交大学申请。

___

答案：1.父母。2.孩子。3.父母。4.父母。5.孩子。6.父母。7.孩子。8.父母。9.孩子。10.孩子。11.父母。12.孩子。13.父母。14.孩子。15.孩子。

孩子们的挫折、困惑、被剥夺、感到担忧，甚至失败都是他们自己的，而不是他们父母的。

——托马斯·戈登

随时准备好你的情感认同

现在，仅仅因为挑战是"孩子拥有的"并不意味着父母就可以当甩手掌柜，父母仍然要扮演一定的角色，主要是与情感认同相关的。

如果把自然后果比作副驾驶，情感认同就是飞机上的机组人员，能够让孩子感到舒适冷静，沿着自然后果的路线自然而然地发展下去。例如：

● "真让人沮丧，你忘了带外套！天气比你想象的还要冷！"

187

- "你的老师对你这么说？天啊，我敢打赌你一定很伤心。"

- "你真的很期待那个派对，你似乎因为不能参加而难过。"

你会注意到，在这些情况下，父母都没有救孩子。在外套的场景中，父母感同身受，但没有跑回家帮忙拿外套。在老师情境中，家长感同身受，但没有主动打电话给老师。在聚会的场景中，父母感同身受，但没有改变家庭的假期计划，以迎合一个匆忙计划的生日聚会。

然而，在孩子们面临的挑战中提供一点真诚的情感认同，不仅仅是为了"让孩子们感觉更好"，而是更实用。正如我们在前几章学到的，同理心可帮助孩子们待在域内，这确保他们能够接触到额叶。同理心有助于他们思考下一步该做什么。

积极倾听为父母提供了一种方法，可以帮助孩子自己定义问题，并开始与孩子一起解决问题。

直升机式父母的代价

在《家长与青少年》一书中，吉诺特引用了一个十几岁男孩的话说："妈妈像直升机一样盘旋在我的上空。"这个比喻引起了全美国父母的共鸣。如今，半个世纪过去了，"直升机式父母"（Helicopter Parent）一词出现在《韦氏词典》（*Merriam-Webster Dictionary*）中（"过度介入孩子生活的父母"），且在谷歌搜索的点击量达400万次。

我们都见过"直升机式父母"：事后指责孩子穿了什么衣服、梳了什么发型的妈妈，建议孩子如何花钱（或存钱）的父亲，即使孩子在旁边也要代表孩子回答问题的父母。他们为了避免孩子被割伤或烫伤，不让10岁的孩子做饭，也不让孩子自己点餐，而是告诉服务员孩子想吃什么。

让我们面对现实吧。我们都不时会有直升机倾向，但如果我们运气足够好，且好运气足够强，就可以避免在全国各地的校园里见到那种极端情况。现代的孩子，多少次会有父母鼓励他们与老师和校长对话，直接讨论投诉和问题？在家长认为有必要介入之前，多少次会有人鼓励孩子站起来反抗那个挑逗他们的女孩，并试图找到一个解决方案？有多少父母会允许孩子的分数低于标准？如果把孩子的科学项目上撒上指纹粉，会有几次上面不是布满了父母的指纹？

当健康和安全是真正需要考虑的问题时，父母直升机式的管教非常合适，但父母所做的远不止于此。无法让孩子独处已经成为一种流行病，结果不难发现。

我们的朋友金（Kim）在一所重点大学工作，那里有许多刚刚步入职场的年轻人。有一次，她聘请了一位年轻男士，他帅气、聪明、才华横溢。然而，工作几周后，他就开始缺勤了。金当面质问他，才知道他前两周一直住在父母家，母亲叫他起床。自从搬进自己的公寓后，他发现早上起不来了。这位受过大学教育的专业人士，在没有母亲陪伴的情况下，仍然缺乏早上自己起床的基本技能。

大约在同一时期，金聘请了一位女士，她在某些关键领域表现欠佳，金警告过她好几次。当情况没有改变时，金对她说："你的工作快要保不住了。"

"你想和我爸爸谈谈吗？"女士问。

保持沉默，让他们自己做决定

作家兼教育家阿尔菲·科恩曾经说过："孩子们通过做决定来学习如何作出正确决定，而不是通过遵循指示学习做决定。"当处理孩子的挑战时，孩子通常会主动发起对话，而你则像回音板一样负责倾听。重要的是让孩子自己做决定，并尽可能接受他的决定。这里有一些建议可以帮助你做到这一点：

置身事外

关于自然后果，最棒的一点是你可以坐下来放松一下。这些不是你的问题，细碎的说教会削弱自然后果的力量，所以不要说"如果你忘了会怎么样"，相反，什么也不说，如果有必要的话，说几句对其情感表示认同的话。

允许孩子享受逆境的“乐趣”

逆境让孩子有机会发挥创造力，想出可行的解决方案，作出决定，并体验这些决定的后果——无论这些后果是好，是坏，还是不好不坏。这让他们有一定的弹性，让他们练习调节自己的情绪。在《儿童的世纪》（*The Century of The Child*）这本书中，作者写道：“应该让孩子每一步都能接触到生活的真实经历，玫瑰花上的刺永远不应该拔掉。”给孩子们适当的责任，他们就会逐渐地、自然地成为负责任的成年人。

不要把解决方案放在时间表上

给孩子时间去郁闷、噘嘴、哭泣、担心、愤怒和思考。当你试图中止孩子的负面情绪，或者急于找到解决方案时，就吸收了他们的一些问题，制造出自己的问题，这是不明智的。如果孩子有问题，他最不需要的就是你作为他的支持者制造另一个问题。

对孩子有信心

如果父母充满同理心而缺乏自信，培养出的孩子可能会在行动上或情感上很无助。当时机成熟，你听到了孩子的心声，就可以自信地说：“我很好奇你会怎么做。”

让自然后果“顺其自然”

尽管这可能不言而喻，但永远不要刻意为孩子制造失败。所有孩子，无论其文化背景如何，都不缺解决问题的机会。永远不需要为孩子制造逆境，父母“设陷阱”或夸大问题，会把自己变成孩子的敌人，这既不管用，也很不友好。

底线：当涉及自然后果时，你要乖乖的。你的沉默和对孩子决定的信任，以及之后无论结果如何，真诚的同理心会让孩子建立起信心，同时加强你们之间的关系。

"唠叨把让孩子的问题变成了你的问题，"育儿教育家芭芭拉·卡罗莎说，"保持沉默，这还是孩子们的问题。"

你很难反对自己的决定。

——芭芭拉·卡罗莎

真实案例！

上五年级时，克里斯汀·哈特菲尔德（Kristen Hatfield）知道自己要做午饭，或者带饭钱去学校。有一天，她两样都忘了。妈妈注意到桌子上放着午餐，极力克制住了要去救克里斯汀的冲动。她只是顺其自然，放学后像往常一样去接女儿。克里斯汀说："我今天忘记带午饭了，朋友给我的钱只够买冰激凌，因此我今天午餐只吃了一个冰激凌，饿死了！"她一回到家，就冲到厨房，为自己做了一顿丰盛的午餐。即使没有妈妈帮忙，她也解决了问题，并吸取了教训。

改变育儿任务：拥抱挑战

下次孩子带着问题或抱怨来找你的时候，评估一下这是父母的问题还是孩子的问题。如果是孩子的问题，就让自然后果顺其自然吧。发生了什么事？孩子把问题解决了吗？问题解决了吗？自然后果不愉快吗（如果是的话，你记得表达同理心吗）？

孩子挑战工具箱

当挑战对你没有实际影响，或者违反了某人的界限或限制时，使用这个工具箱。例如，孩子感觉很无聊，和朋友吵了架，忘了带外套或作业，吃饭挑食，衣服和发型不是你选择的，或者想放弃一项运动。

- 顺其自然。
- 对孩子表现出信心。
- 拒绝救援或成为直升机式什么都管的父母。
- 无论孩子的解决方案怎样，都表示接受。
- 大量借用同理心工具箱。

请在这里添加你的笔记：

_____

_____

第十章

真相8

所有孩子都需要
尊重个人界限的照顾者

还记得那次你叫妹妹别再挠你痒痒吗？还有那次你拒绝相亲？还有一次同事讲了个下流笑话你愤而走开？或者是你本不想借钱给表弟，却答应了借钱给他？还是因为指定的司机在酒吧多喝了几杯而你气得牙痒痒？

我们都有过这样的经历：我们为自己设定了个人界限，并尊重界限，也有未能好好遵守的时候。人们在童年时期被教授学习设定界限和遵守界限。当父母不能给孩子们设定明确的界限、不尊重孩子们的界限时，他们更有可能培养出无视他人界限、不尊重自己界限的孩子。

打破界限导致了我们这个时代一些最普遍的社会问题：家庭暴力、虐待、职场骚扰、不平等。

在这一章，我们将讨论如何习得界限，父母该教导孩子界限，以及为什么以心为本的养育方式最有利于制止从操场欺凌到约会霸凌等压迫行为。

你清楚明白界限是什么吗

作为父母，当我们为孩子设定界限时，这些界限对孩子而言未必是最好的——而当我们为自己设定界限时，都是对自己最好的。我们只是告诉孩子我们个人愿意做什么，经历什么，或者去做什么。

界限：个人在特定情况下为自己设定的关于自己愿意做什么或经历什么的个人指导。界限因人而异。

例如，"未经我的允许，我不会让任何人碰触我"。或在很短的时间内设定，例如，"我不愿开车3个小时去参加生日聚会，要再考虑考虑"。界限通常与身体、情感和财产有关，不过也并非全部如此。这里有一些例子可供参考。

财产界限

- "我只愿意让表弟待在我们另外那间卧室里，住不超过两周。"
- "我只愿请朋友吃饭，不愿请朋友喝鸡尾酒。"
- "我只愿意让孩子戴我的银耳环，而不是我的金耳环。"
- "我不愿意让7岁的孩子在我的古董车里玩。"

身体界限

- "我只愿意花时间和自己喜欢的人在一起。"
- "未经同意，我不愿意被触摸。"
- "我一周要练3次瑜伽。"
- "我只愿意在外面暖和的时候在游泳池里游泳。"

各式各样的界限

- "我不愿意容忍工作场所的种族主义或性别歧视。"
- "我不愿意一晚上做两顿饭。"
- "我只愿意在19：00之前回复邮件和短信。"
- "我只愿意在16：00—18：00之间帮9岁的孩子做作业。"

改变育儿任务：为界限命名

花几分钟想想你现在生活中所设定的一些个人界限，并把它们记下来。你可以这样开始："我只愿意_____。"或"我不愿意_____。"

我的财产界限包括：

_____

我的身体/情感界限包括：

_____

_____

我各式各样的界限包括：

_____

_____

好的界限设定者：克服内疚感

　　一个好朋友邀请你做她婚礼的伴娘，你做过很多次伴娘，并且告诉自己再也不做伴娘了。爸爸让你买一张当地足球场的赛季门票，这样你们俩就可以一起看所有的比赛了，而你讨厌足球。女儿恳求你接手她接下来3个月的送报工作，因为她学业特别忙，但又不想丢掉工作。你也有自己的工作要做，也不喜欢在凌晨4点起床去帮别人做事。

　　那么，你会怎么做呢？

　　在这3种情况下，拒绝邀请或请求可能会让你所爱的人失望、感到不便，甚至伤害他们的感情。但在这3种情况下，你的个人界限都处于危险之中。

　　假设你接受了邀请。"只不过是再做一次伴娘而已。"你对自己说。

　　"我会为了爸爸忍着去看球赛。"

　　"只是早起3个月而已。"

　　但随着参加婚礼的负担越来越重，足球赛季拖得越来越长，再加上睡眠不足，每一份协议都成了一种折磨。你会向任何愿意倾听的人发泄你的不满，对那些让你做你不想做的事情的人越来越怨恨。当然，你选择了此刻表现得"友好"。当然，你避免了伤害感情。但你也没有尊重自己的界限，容忍自己的不适以满足他人的需要。更糟糕的是，你给孩子树立的榜样是，你是一个会去做自己不愿意做的事情的人。

天啊，是吧？

然而，我们当中有谁不是为了让别人高兴或避免不舒服而参加我们不想参加的活动呢？我们都有过！因为，在某种程度上，我们见过很多这样的榜样。

可事实未必如此。

当别人让我们帮忙时，我们可以打破主动说"是"的习惯。我们可以花一些时间连接自己的欲望，可以在不伤害我们所爱或钦佩的人的情况下坚持自己的立场。

需要明确的是，我们并不提倡自私。但是当我们为了满足他人的欲望和需要而选择打破自己的界限时，我们就陷入了麻烦。

举个例子：当一位母亲穿着睡衣离开家门，在早高峰时间花30分钟给17岁的孩子交一份重要的家庭作业，然后再向任何愿意倾听的人表达她的愤怒时，她选择了无视自己的界限，只考虑孩子的需要。

当我们允许别人打破或跨过我们的个人界限时，我们通常会很生气。但事实是，我们对自己允许这样做感到愤怒。我们背叛了自己，我们知道。顺便说一句，这就是我们所说的"扮演受害者"或"扮演殉道者"的意思。当我们允许某人越过界限，然后为自己被驱逐而自怜时，我们不是善良的人——我们是殉道者。

如果你在为上一次改变育儿任务列出个人界限时遇到了困难，这可能表明你需要在这方面提高自己的技能。争取收回属于你的东西。界限对于你所扮演的角色很重要。如果我们想让孩子和他们的同龄人——更不用说潜在的恋爱对象——在一起，我们就必须开始以他们应得的尊重来对待他们。

我的界限是否"合理"

现在，在处理孩子的问题时，我们必须确保自己所设定的界限在当时的情况下是合理的。但什么是"合理的"？这是一个非常主观的术语。在我看来合理的事情在你看来可能不合理。没关系。我们的感知不需要完全一致。

- 适合年龄："我不愿意再为你打包午餐了。"这句话对一个8岁的孩子来说很管用，而不是3岁的孩子。

● 始终如一：如果你有时让孩子睡你的床，那么"我不愿意让你睡我的床"这一界限就不正确。

● 可解释的："今天我不愿意带你去鞋店，因为我今天一整天都在车里，非常累。"

申明自己的界限很有帮助，尤其是面对孩子时，"我们现在要去杂货店，只买清单上的食物"。尊重他人的界限也很重要，比如："我要去洗澡了，要持续20分钟，我在浴缸里的时候你会做什么？"而不是："如果你捣乱的话，我们就不去玩具店了。"

改变育儿任务：尊重你的界限

找出一个近期你没有意识到或坚持界限的情况。发生了什么事？你感觉如何？下次你能做些什么不同的事情呢？

如何提出请求或者拒绝请求

如果我们解构设定界限的过程，它看起来是这样的：

好的界限设定

1.　A提出请求。

2.　B不希望依从该项要求。

3.　B拒绝了这个请求。

坏的界限设定

1.　Ａ提出请求。

2.　Ｂ不希望依从该项要求。

3.　Ｂ不顾自己的欲望，同意对方的要求。

申明自己的界限很重要，也令人钦佩，但并不总是令人愉快的。我们时不时地处于Ａ的位置，向朋友、爱人、孩子或老板提出请求，而遭到对方的拒绝。即使是一件小事，这些拒绝也会让人失望和泄气。

孩子的应对技能尤其不发达，他们很少掩饰自己的失望。他们可能认为我们拒绝他们的要求非常"可恶"。他们可能会哭泣、抱怨、乞求或大喊。当然，这并不理想，但也不必惊慌。

例如，如果我们说，"我有个会议要参加，今天不能带你和你的朋友去商场"。那我们就没有责任确保孩子和他的朋友去商场。的确，我们设定的界限可能会给孩子们带来不便，甚至会激怒他们。没关系。只要这一界限是合理的，就值得尊重。

这也适用于我们所有的成年人。那些远道而来聚餐的不那么熟悉的朋友，让我们感到愧疚；说要来照顾孩子的公婆，前提是我们允许他们向孩子灌输宗教思想。每次进城办事儿都来找我们的烦人的亲戚。

他们失望不是我们的问题。出于同样的原因，我们必须注意到，孩子们说他们想要什么，或者他们感觉怎么样，这很重要。他们做得完全正确，当我们在生活中要求自己想要的东西时，我们也会这样做。

这就是为什么要让孩子明白"Ａ"在提出请求时没有做错什么，而"Ｂ"在拒绝时也没有做错什么。

友善地申明界限

正是从这个角度——请求和界限都是正常的情况下——我们才能真正善意地申明界限。下次当孩子让你做你不想做的事情时：

1. 承认对方的情感。

2. 确保在这种情况下的界限是合理的。

3. 申明界限。

4. 问一个赋权的问题。

比如说，当7岁的孩子开始咆哮："爸爸，我不喜欢这顿饭！"你马上就会进入同理心模式。你听着孩子的抱怨，给他情感上的承认："我做了一顿饭，你似乎不喜欢，有些生气……你觉得这顿饭太咸了……啊！我真希望那个盐妖来把所有的盐都偷走。"你做得不错。

给予情感洞察会给你时间来确定你愿意或不愿意做什么，并确保在这种情况下界限是合理的。另外，如果你的孩子不喜欢你做的三明治，他已经足够大了。在这种情况下，你觉得不给他点特殊的东西是合理的。

当你的孩子给了你三个"相关线索"时，你要明确界限："我一晚上只愿意做一顿饭。"然后你可以问一个让他充满力量的问题："你会做什么？"通常情况下，这四个简单的步骤就是父母主张界限所需要的。孩子们可以从那里开始。不过，有时孩子们也会需要一点额外的帮助。你的孩子可能会说："我不知道该怎么办。"

这是头脑风暴的好时机。

头脑风暴

头脑风暴是指一群人聚在一起想出新点子。在我们的案例中，这意味着你和孩子一起想出可能的解决方案，只要这些想法不违反你的限制或界限，然后让孩子选择他喜欢的任何解决方案，或其中的几个。

这是一个帮助孩子的好方法，而不用为他们选择解决方案。头脑风暴让他们牢牢地掌控眼前的挑战，而你要成为一个好人——在孩子需要的时候提供指导和支持。

头脑风暴：通过不受约束或自发的讨论来解决问题或发现新想法的方法。

在一个圆中画一个圆可能会有帮助。界限就在我们这个圈子受保护的核心里。不管发生什么，你的界限都是不变的。外部区域是进行头脑风暴的地方。这完全取决于孩子想要头脑风暴来帮忙，还是更愿意自己处理挑战。

下面是进行头脑风暴的方法：

1. 拿一张纸或用一面白板。

2. 列出所有的想法，无论这些想法是多么可笑或不合理。事实上，可笑的观点也很好，因为它能使谈话过程变得轻松，并有助于保持谈话的趣味性。

3. 保持开放的心态，不要对最初的清单作出任何判断，判断会阻碍思考和合作。

4. 开始从列表中划去那些不可行或违反你界限的想法，直到只剩下一些可行的解决方案。优先考虑将要尝试的内容，并在必要时选一个"备份想法"。

让我们以晚餐过咸为例。你问孩子是否愿意进行头脑风暴，他说愿意。你们两个开始抛出自己的想法：

- 他可以选择不吃晚饭。

- 他可以只吃他喜欢的部分。

- 他可以在厨房里给自己做个三明治。

- 他可以请家里的其他人帮他做点儿什么。

记住，你的界限是不愿意为孩子做第二顿饭，但也许你的爱人、伙伴或他的兄弟姐妹会愿意。最终，这取决于孩子是想要头脑风暴还是自己处理挑战。唯一需要干涉的情况就是解决方案违反了界限。

鼓励说"不"，允许孩子设置自己的界限

现在我们要把这一切都搞清楚，到目前为止，我们只关注你的能力和意愿，以确定和尊重自己的界限。这对养育孩子很重要，但这只成功了一半。

另一半是你识别和尊重孩子界限的能力和意愿，这并不意味着我们必须让孩子来决定一切，我们仍然需要限制孩子的行为。但是限制和请求之间是有区别的，限制是一种不可协商的行为真理，请求是对所期望的活动的邀请，可能会被拒绝。

请求：希望进行期望活动的邀请，请求可以被批准，也可以被拒绝。

以下是一些你可能会对孩子提出的"是"或"否"请求的例子：

- "你能帮我烤饼干吗？"
- "你愿意把食品杂货拿进来吗？"
- "我可以帮你梳头吗？"
- "我可以进你的房间吗？"
- "你能给盖尔阿姨一个拥抱道别吗？"
- "你能尝尝胡萝卜吗？"
- "你今天想去游泳吗？"
- "你会开车送妹妹去上唱歌课吗？"
- "请坐，我们好好谈谈好吗？"

当你向孩子提出一个请求，他说"不"，你有两个以心为本的选择。你可以：

1. **继续对话，问一个赋权的问题。**

   你可能会说："我今天和医生有约，需要你的帮助。""你什么时候愿意给狗刷毛？"或者"你愿意做些什么呢？"

2. **接受"不"，让孩子设定自己的界限。**

   毕竟，孩子在这方面越熟练，他们就越有可能在以后的生活中与他们的朋友、同事和爱人设定严格的界限，并期待这些界限得到尊重。当你的孩子说"不，我在做作业"时，你可以简单地说"好的"。

   我们知道这很难。有时你的要求很低，而且很合理，你真的需要帮忙，比如让孩子做一些简单的事情（比如让你尝尝他的柠檬水），结果却被他拒绝了，这可能会让你很生气。如果说话语气尖锐，会让人觉得他非常粗鲁。但即使不愉快，也允许孩子们对我们的要求说"不"，我们赋予他们作自己选择的权力，并鼓励他们相信自己日渐成熟的本能。

   记住，"不"很少是不尊重或蔑视的表现。只要我们和孩子的关系还不错，"不"只是孩子在这个成长阶段行事的结果，努力满足情感需求，或强化自己的个人界限。为了孩子的利益，也为了我们的利益，是时候与那些说"不"的人和解了。

尊重孩子界限的8种简单方法

以下方法，我们可以让孩子们做好准备，相信自己的身体，尊重自己的界限。

1. 让孩子决定自己的感受

孩子的身体是他们的终极界限。例如，当孩子告诉你他们感觉不舒服，不需要穿毛衣，或者不需要上厕所时，事后批评他们，可能会传递这样的信息：别人比他们更了解自己的身体。

事实并非如此。即使孩子们容易发生如厕事故，我们最好的办法是问他们是否需要去，然后在他们说"不"的时候相信他们。如果你担心，那就多带一套内衣和衣服。与其一次又一次地违反这个特定的界限，不如白天忍受几次事故（另外，除非孩子们对他们需要上厕所的信号变得敏感，否则他们怎么能真正接受上厕所的训练呢）。

2. 避免对食物进行微观管理

对孩子的食物摄入量进行微观管理是另一个坏习惯。当我们坚持让孩子在特定时间吃特定量的食物，而不是教他们饿了就吃，饱了就停时，他们可能会学着无视身体的指示。这种做法不但打破了界限，而且是不健康的就餐方法。如果你真的关心孩子，想让他吃得更健康，那就买更健康的食物放在家里，少去快餐店。

3. 在接触前要注意对方是否同意

孩子们会发出大量的信号，告诉我们他们是否愿意被拥抱、亲吻、抱起或抚摸。我们明智的做法是寻找这些信号并绝对尊重他们。有的孩子可以接受有人吻他的头顶，另一个人可能对此感到不舒服。对一些孩子来说，坐在圣诞老人的腿上、拥抱祖母或被挠痒痒都是可以的——但不是所有的孩子都可以。

4. 承认情绪的有效性

否认孩子们的情绪，或者试图改变他们的情绪，这让我们教给孩子不相信他们的本能。例如："别哭了""你没有理由这么生气""我们在别人面前不会这样做""振作起来，我想看到一个微笑"。因此，我们要避免这样说或这样做

5. 给予孩子隐私

孩子有隐私权，通过让他们远离我们，独处，拥有属于他们的空间，我们向他们表示尊重。通过坚持让他们敞开自己房间的门，在朋友面前责骂他们，或者未经允许阅读他们的日记，我们传达了各种不和谐的信息，告诉他们应该如何重视自己的隐私或尊重他人的隐私。

6. 让他们自己做选择

让孩子们接触各种各样的活动和兴趣是个好主意，但之后让他们做最后的决定。如果他们想活动身体去踢足球，太好了！如果他们想用手指弹钢琴，太棒了！但当我们强迫孩子们按照我们认为合适的方式使用他们的身体时，不管他们是否感到舒适或感兴趣，我们都剥夺了他们的权力，并打破了他们的界限。

7. 废除惩罚和奖励

这里我们再次讨论惩罚和奖励。坦白地说，我们并不是想老生常谈，但必须指出：情感和身体上的惩罚是打破界限的终极手段。惩罚告诉孩子，"如果有人觉得你做错了什么，惩罚可以压制你，甚至伤害你"。奖励告诉孩子，"只要有奖励，就可以违背你的直觉"。

8. 不要期望或要求"服从"

成长过程中没有权力的孩子可能会收到以下两种信息之一：第一，如果他

们爱或崇拜某人，特别是某个权威人士，他们必须服从此人，他们不能大声说话。第二，如果他们发现自己处于权威地位，会期待其他人的完全服从。前者在女孩中很常见，后者在男孩中很常见，两者都不健康。

不理解以心为本的育儿模型

现在事情是这样的：当你采用以心为本的育儿模型时，你会发现周围有人可能不理解甚至不同意你的育儿选择，这会让你的处境很艰难，而且可能会很尴尬。

我们很多人希望通过操纵、羞辱和不断纠正来控制孩子——尤其是涉及社会规范和标准的时候。他们认为自己有权利不被孩子冒犯、厌烦或触怒，孩子必须表现得"得体"，不管这对他们意味着什么。当孩子们为自己设定和执行界限时，很多人都会被触动。

多少次你听到父母说"要乖"。比如："那个小女孩想牵你的手。要乖一点，握住她的手！"或者"乖一点，给奶奶一个拥抱！"就像"乖"听起来很好一样，"乖"经常意味着界限冲突。"乖"往往要求孩子们违背自己的直觉。以心为本的父母不仅允许孩子设定界限，而且积极鼓励他们这样做。

一群成年人来评判我们的问题是，有时我们会让这些成年人突破我们的界限，支配我们的选择。我们允许他们的存在和潜在的批评影响我们如何选择抚养孩子。

如果你觉得在其他不这么做的父母或家庭成员面前尝试这种新的育儿模型会让你感到尴尬，没关系。这是可以理解的。没有人希望在众人面前显得愚蠢，也没有人希望承受他人无声的评判。但是，以心为本的父母把与孩子的关系置于朋友、家庭成员、孩子的老师甚至儿科医生的判断之上——更不用说完全的陌生人了。不管怎样，过分关心别人的想法很可能是我们自己童年的一种投射。我们中的一些人被教导要不惜一切代价保持礼貌和友好，尽可能避免冲突。我们被教导，别人的需求，无论他们是谁，都应该置于我们自己的需求之上。

你有责任按照自己的价值观和良心来抚养你的孩子。你有责任教导孩子界限是重要的。设定界限很重要，尊重界限也很重要。

孩子们有很大的需求，但他们的话语权很小。他们依靠我们来维护他们，保护他们的利益，支持他们——尤其是当其他成年人把我们孩子的时间、欲望和观点看得不如他们自己的更重要的时候。

因此穿上爸爸妈妈的铠甲，学会尴尬地坐着。尽量忽视周围的成年人，拒绝被人操纵改变路线。你可以停下来，静静地体察自己的情绪：我感到尴尬，这不是很有趣吗？这并不一定会减少你躲在最近的岩石下的欲望，但这可能让界限化为乌有。

任由别人评判我们的育儿方式并不总是令人愉快的。但有一些方法可以缓解尴尬，减轻他人的评判。我们最喜欢的一个是"设置场景"。

"嘿，妈妈，"你可以在带着孩子们过来之前告诉你妈妈，"我想让你知道，我们正在尝试一种新的育儿方式。这意味着，在孩子们成长的这个阶段，他们并不总是会做一些所谓的有礼貌的事情，比如吃饭时坐着不动，保持安静，或者很友善。你可能不喜欢他们的行为，但请宽容我们。"

就这样，你让孩子的奶奶知道了你的计划，并告诉她接下来会发生什么。大多数爱你的人真的想支持你——他们会对你的诚实心存感激，也更愿意支持你的计划。

让孩子说出他的界限是什么

你可能不记得孩子第一次明确自己的界限。也许，当他还是个婴儿的时候，他拒绝趴在你的肩膀上睡觉，或者拒绝你给他的奶瓶。这些情况可能会让你感到好奇、焦虑甚至失望，但你可能不会认为孩子选择了不合作，你可能没有试图强迫他服从。

当孩子长大后，我们应该明智地继续下去。我们可以对孩子提出要求，并提供我们认为他们需要的东西，但我们要明白，面前的这个小人不是我们的克隆体。他们有自己的大脑，我们需要了解它，而不是试图去控制它。

如果你家里从来没有讨论过界限问题，你可以通过让孩子说出来的内容直接开启对话。

界限可能关于食物："我不愿吃菠菜。"

可能关于分享："我不愿让任何人玩我最喜欢的泰迪熊。"

可能关于财产："我不愿让任何人看我的日记。"

可能关于兄弟姐妹："我不愿带妹妹去和伙伴们一起玩。"

可能关于触摸："我只愿意让妈妈和爸爸拥抱我。"

可能关于过多的家庭作业或体育实践："我不愿意整晚都做作业。"或"我只愿每天练习打篮球一个小时。"

可能关于活动次数："我一次只参加两项课外活动。"

真实案例！

当哈特菲尔德家的女儿们分别是6岁、8岁和9岁时，琳达注意到自己已经养成了对她们大喊大叫的习惯。她知道自己不会允许别人对她大喊大叫——这是个人的界限——也不希望她的孩子们害怕她，或者在成长过程中认为别人可以吓唬她们。她决心不再大喊大叫，但是该怎么做呢？经过头脑风暴不同的选择，琳达决定争取姑娘们的帮助。她拿了一个笔记本，做了一个日历。"每次你们觉得我对你们大喊大叫的时候，就在这张纸上做个记号。"她告诉孩子们。她们高兴地同意了。

第一天结束时，琳达得了五个标记。第二天，还是五个。但很快，这些标记就逐渐消失了。到第三周的时候，她已经好几天没有留下任何标记了。她面带微笑走近孩子们。"我好久没大喊大叫了！"她自豪地宣布，知道自己已经解决了这个问题。"不，妈妈，"她8岁的女儿凯莉回答说，"你不再对我们大喊大叫了，但现在你会用语调来表示了。"

改变育儿任务：尊重他们的界限

找出一种你不承认或不尊重孩子的界限的情况。为什么？下次你是否能做些什么不同的事？

_____

_____

界限工具箱

当孩子的行为已经或者威胁违反你的某个界限，或孩子拒绝了你的请求时，请使用此工具箱。比如，孩子在未经允许的情况下看你的短信，或者拒绝和你一起进行长途旅行。

设置界限

- 表示情感认同。
- 确保界限合理。
- 确定界限。
- 询问赋权的问题。
- 主动围绕界限讨论解决方案。

尊重界限

- 考虑8种尊重孩子界限的简单方式。
- 接受"不"。
- 问自己："现在是让孩子练习设定界限的好时机吗？"
- 为朋友和家人作好准备。

请在这里添加笔记：

_____

_____

第十一章

真相9

所有孩子都需要有
与年龄相适应的限制

在南加利福尼亚诺氏草莓园的中央，坐落着一所19世纪80年代的老式校舍，这里只有一个房间。几十年前人们把它从堪萨斯州的原址搬了出来，现在保存得很好，到处都是旧时代的遗迹。墙上挂着一份效忠誓词，开头就是"在上帝的见证下"，一个角落里放着一顶高高的挺吓人的草帽，门旁边的墙上钉着一张校规表，上面写着违反校规的相应惩罚。列表中包括：

男生和女生一起玩	4鞭
在学校打牌	10鞭
爬树，每爬30厘米	1鞭
在校外搬弄是非	8鞭
制作秋千且荡秋千	7鞭

当时，人们制定规则，遵循规则，规则以令人不快的方式被强制执行。只是单纯地张贴一些规则，而不真正去惩罚，这在19世纪80年代的堪萨斯州看来非常荒谬。

事实上，父母最经常询问我们的一个问题是：如果我们不惩罚孩子，该怎样让他们遵守规则，尤其当他们不想遵守规则的时候怎么办？这里的潜台词是，如果要让孩子遵守规则就必须惩罚，执行规则等同于惩罚。这又是一个育儿谬论。

孩子们确实需要与其年龄相适应的限制行为——这是我们的第9个真相！就像他们需要为伤害他人感情或财产的选择负责一样，将限制或指导与令人不快的后果配对不仅违反直觉，而且还与其他一些真相相违背。

简言之：限制是必要的，惩罚不是。

如何设定并维持限制

限制与界限和请求全然不同。记住，界限是我们基于自己愿意做什么而设立的个人指南。请求是对所期望的活动的邀请。限制是基于我们认为什么是最好的而强加给孩子们的真理，规定他们什么可以做，什么不可以做。

新老设定限制的方式全然不同。

——海姆·吉诺特

限制：基于父母认为什么是最好的，而强加给孩子的行为真理。

限制是规范性的，基于你认为什么对孩子而言是合理的，这取决于父母允许和不允许孩子做什么。大多数限制集中在安全和健康问题上，尽管其他可能根据文化、道德或宗教而施加限制，我们称之为多种限制。下面是一些家长可能设置的限制。

健康限制

- "我4岁的儿子每天要刷两次牙。"
- "我5岁的孩子每天睡10个小时。"
- "我8岁的孩子每天都会吃一些水果或蔬菜。"

安全限制

- "我蹒跚学步的孩子只在有成年人看护的情况下在游泳池玩耍。"
- "我7岁的孩子要戴自行车头盔。"
- "我的孩子有宵禁。"

多种限制

- "我10岁的孩子自己负责做午饭带到学校。"
- "我的每个孩子都要做杂事。"

- "假期里，我的孩子会和家人一起参加家庭仪式。"

我们对孩子施加的限制数量和种类在一定程度上取决于家庭的历史、文化、环境和哲学，以及每个孩子的年龄。孩子越小，我们对他的行为限制就越多。

例如，婴儿完全依赖我们来保证他们的安全和健康，小的时候充满了限制。但是，随着孩子成长和额叶的发育，这种限制开始消失。这是因为每经过一个成长阶段，我们都将把对其健康和安全的责任交还给他们。这种情况是在他们的童年中一点一点发生的，因此，在理想的情况下，当他们从高中毕业时，他们可能会向我们寻求指导，但不会让我们为他们设定限制。

限制和界限的区别

限制和界限因人而异，因家庭而异。对高犯罪率社区儿童的限制与对宁静郊区儿童的限制有所不同。一般来说，我们对孩子的限制会随着时间的推移而减少，而个人界限的数量则相对保持不变。父母通常对孩子施加限制，但界限可能是由父母和孩子共同设定的。

什么样的限制是"合理的"

我们倾向于认为孩子们反对限制，但事实上，只要所谓的限制在当时的情况下是合理的，孩子们其实是愿意配合的——例如，要和大人一起过马路。我们通常所说的"合理"是什么意思？这和我们说的界限是一样的。

1. **与年龄相适应的**

过马路的限制显然只适用于3岁的孩子，不适用于10岁的儿童。

2. **可以解释的**

小孩子自己过马路很危险，因为司机看不见他们，他们可能会被车撞到。

3. **始终如一的**

你对过马路的限制并非时常改变，每次你过马路的时候，都遵循这一真理，并且希望孩子也能维护它。

4. **与界限一样，提前申明限制也很有帮助**

"一会儿要过马路了，我们要手拉着手过马路。"

5. **礼貌地说出限制是有帮助的**

"请等我一起过马路"和"如果你试图自己过马路，会有大麻烦"。

测试你自己：这是限制还是界限？

你能说出限制和界限的区别吗？请看下面的列表，并将每个语句标识为限制或界限。

1. 晚上8点上床睡觉。　　　　　　　　　　　　　_____

2. 一周允许看5个小时的电视。　　　　　　　　　_____

3. 爸爸不愿意和别人分享他昂贵的油彩。　　　　_____

4. 不许孩子们对着爸爸的耳朵大喊大叫。　　　　_____

5. 每个孩子在店里最多只能吃两勺冰激凌。　　　_____

6. 妈妈不让孩子咬自己。　　　　　　　　　　　_____

7. 妈妈不让孩子咬人。　　　　　　　　　　　　_____

8. 孩子不去抚摸邻居的狗。　　　　　　　　　　_____

9. 晚餐时间不能看电视。　　　　　　　　　　　_____

10. 孩子太小，不能坐过山车。　　　　　　　　　_____

11. 孩子太害怕了，不去坐过山车。　　　　　　　_____

12. 孩子不愿意吃爷爷奶奶做的砂锅炖菜。　　　　_____

答案：1. 限制。2. 限制。3. 界限。4. 界限。5. 限制。6. 界限。7. 限制。8. 界限。9. 限制。10. 限制。11. 界限。12. 界限。

我孩子的健康限制包括：

_____

_____

我孩子的安全限制包括：

_____

_____

我孩子的各种限制包括：

_____

_____

改变育儿任务：说出你的挣扎

花点时间想想自己是如何被抚养长大的。你的父母是强限制制定者还是弱限制制定者？怎么样？你呢？你对孩子设定的限制合理吗？与年龄相适应吗？一致吗？你感到最难以设定的限制是什么？

_____

_____

以善良守住限制

设定界限和设定限制是相辅相成的。如果在孩提时期，你的界限没有得到尊重，可能会在为自己孩子设定合理的限制时遇到一点麻烦。通常情况下，父母一开始对限制比较宽容，直到他们勃然大怒，然后用愤怒来强化对孩子的限制。当这种情况发生时，父母往往会咆哮命令，羞辱孩子，说一些让他们后悔的话。最糟糕的是什么？他们开始把限制和愤怒联系起来。

如果遇到了这种情况，你的任务就是打破这种模式，建立新的联系。孩子需要合理的限制，如果我们不胡闹的话，效果会好很多。与维护界限一样，坚持限制只需要4个步骤：

1. 给予情感上的认可。
2. 在这种情况下，确保限制是合理的。
3. 申明限制。
4. 询问赋权的问题。

   例如，7岁的孩子说："我今天不想去上学。"

　　首先，你要进入同理心模式，倾听孩子对学校的抱怨，认同他的情绪："今天是上学的日子，你好像很生气……你已经在学校待了整整一个星期了，不是吗？我猜你肯定累了，只想整天待在家里玩玩具……这没问题！"其次，你不断地停下来，给孩子机会，让他说出自己的感受——而他会表现得很激烈。

　　以感同身受的方式开场很重要，如果学校里发生了其他事情，比如他被欺负或者他害怕老师，你就要给孩子提供一个向你敞开心扉的机会。这样也让你有时间看在一些特殊情况下自己设置的限制是否合理。你认为，让7岁的孩子去上学是合理的。收到一些"相关提示"后，你善意地申明限制："今天是上学日，伙计。你必须去上学。"然后你问了一个为孩子赋权的问题："你能做些什么让今天早上上学更有趣？"记住，没有商量的余地，孩子必须上学。

　　但这并不意味着他一定会喜欢这样！我们都知道当我们没心情的时候去学校是什么感受。只要你有足够的时间去认同孩子的感受，这四个简单的步骤将会帮你解决很多与限制相关的冲突。有时，甚至这就是你所需要的：孩子知道限制，自己就会对现实泰然处之。然而，如果你发现自己一次又一次地在相同的限制上遇到同样的冲突——你就存在我们所说的系统问题，显然应该达成共同协议。

当孩子反对限制时，缔结共同协议

　　3岁的孩子该洗澡了，他却不进来，这种情形很常见。或者孩子不想做家务，不想安安静静地上床睡觉，不想关掉电视，不想坐在车上，或者不想离开玩伴。你可以一直忍耐，直到孩子安静下来，但这并不一定会结束冲突。

　　在此，我们为你提供以心为本育儿皇冠上的宝石，共同协议。

　　共同协议指的是经过反复谈判，最终达成一致的约定。这是一种双赢的育儿方式，双方都觉得自己被赋予了权力，都能得到自己想要的东西，没有人会感到无能为力。共同协议是建立在尊重的基础上的，并随时可以重新谈判。双方达成的协议不是"妥协"。在妥协中，双方都放弃了一些东西，双方都不真正满意。而在共同协议中，没有人放弃任何东西，双方都很满意。

共同协议：两个或两个以上的人达成的约定。所有双方协同都需要每个人百分之百地参与，所有的协议都是可协商的。

同样，限制本身是没有商量余地的。仅仅因为5岁的孩子不想每天刷两次牙，并不能改变他必须每天刷两次牙的事实。但在限制周围有很大的谈判空间，这正是共同协议所在。

限制/共同协议

像界限一样，限制处于被保护的核心圈内。无论发生什么，限制始终不变。可以在外围区域达成协议，可能涉及何时、何地、何人以及如何达成协议等问题。

比如说孩子不喜欢刷牙。你可能会说："孩子，你要每天刷两次牙，这是限制，你别无选择。但是我们也许可以想出一些方法让你觉得刷牙更有趣。"然后，你可以让孩子选择何时何地刷牙，用什么类型的牙刷，如果孩子还小的话，谁来帮忙刷牙。

- 孩子每天要刷两次牙；
- 用蝙蝠侠牙刷；
- 葡萄味的牙膏；
- 站在浴缸里刷牙；
- 可以选择刚吃过早饭刷牙或者晚上看书前刷牙；
- 偶数日妈妈帮忙刷牙，奇数日爸爸帮忙刷牙。

只要记住，无论在什么情况下，一定要准确地确定限制，并清楚地说明：

- "晚上你不能自己走回家。"
- "打妈妈是不对的。"
- "今晚你不能在邻居家过夜。"

共同协议必须具备两个条件：

- 共同协议必须是真实的。如果孩子只是为了结束谈话而表现出同意的样子，那就不是真正的协议。

● 共同协议必须可以重新谈判。任何时候，如果协议对父母或孩子不管用，双方都可以设定时间重新协商协议。

共同协议可以有多种形式，可能会在瞬间达成，也可能需要你们坐下来讨论。不过，最终的目的是一样的：在不削弱限制效力的情况下，让限制变得更容易接受。例如：4岁的孩子可能会抱怨说，你不许他自己在游泳池游泳，但如果你允许他和十几岁的表哥表姐一起游泳，这个限制就会更容易接受，而且效果也不会更差。

共同协议类型1：非正式的双赢

如果限制涉及简单的问题，而不是更复杂或反复出现的问题——例如，孩子正在玩耍，不想把衣服收起来——你可能会创造一个"非正式"的共同协议，我们称之为双赢，或对幼儿来说是"快乐法"。方法如下：

1. 停下来，深呼吸，然后问："孩子此时此刻需要什么？"

2. 移情。认同孩子的情感，倾听孩子的话，直到孩子感受有人倾听他的心声。你可能会说："我猜你上了一天学累了，不高兴我让你把衣服收起来。"

3. 创造双赢。你可以和孩子进行头脑风暴或者问一个给他赋权的问题。你可能会说，"我们能找到什么对双方都有效的解决方案？"或者"你什么时候愿意把衣服收起来？"如果孩子提出了你认为不合理的建议，你可以说：

真实案例!

一个16岁的男孩——6个孩子中的一个——本应承担其要做的部分家务，负责把垃圾倒出去。一天，他抱怨说垃圾桶周围有一只大蜘蛛，不想倒垃圾。以往一被儿子拒绝就很生气且会教训他一顿的妈妈，这次却问："如果不倒垃圾，你愿意做些什么？"他的回答让她吃了一惊："我来洗所有的盘子。"她很高兴，双赢。

"这样是你赢了，但是我没赢。什么样的解决方案对我们双方都适用？"

4. 确认并复盘双赢方案。问孩子："这个解决方案对我们双方都是双赢的吗？"接着说："让我们回顾一下刚刚达成的协议。"

这些协议可以随时随地达成，可能只需要一分钟。

共同协议类型2：正式圆桌会议

如果限制涉及更持久的或复杂的问题，或者你试图建立一个非正式的双赢，但似乎不太奏效，那么你会想趁每个人都没有压力且在域内时，坐在一起，制定一个正式的共同协议。

通常，正式的协议包含新的仪式、惯例或制度：新的洗澡时间、新的晚间活动、新的家务制度。非正式协议和正式协议的执行方式没有区别——我们稍后会讲到这一部分。唯一的区别在于协议是如何建立的。非正式的协议可以随时达成，正式协议需要更多时间达成。

请记住，正式的圆桌会议过程非常精确，因此，你必须要像飞行员做检查表一样，遵循每一个步骤。不要跳过！

1. 确保你和孩子都在状态

如果你们中的任何一方或者双方都生气了，圆桌会议就没有意义了，下次再来吧。

2. 确保这是家长面临的挑战

在面临的挑战中是否有一个自然后果？如果是这样，挑战可能是孩子的，而不是父母的。

3. 确保孩子的7个特殊需求得到满足

记住，这是孩子的感觉，不是你的。在双方达成协议之前，确保孩子的情感银行账户里有足够的存款。

4.摒除自己的小心思

参加圆桌会议，接受新的思维方式，愿意探索每个人的想法。如果你心中已经有了一些固定的解决方案，剩下的就变成了操纵，孩子们会知道的。

5.扮演好你的角色

承担个人责任，与孩子分享你如何"共同创造"了当前的挑战。给自己和孩子足够的时间来表达感受和关心。不要说任何可能让孩子感到内疚、羞愧、责备或恐惧的话，否则，他会把这个过程视为惩罚。使用情感洞察，成为倾听者。

6.头脑风暴

这类似于你学习的关于界限的头脑风暴，只是在这里每个人都必须对解决方案达成一致。拿出白板或纸，说出自己的限制和面临的挑战，开始抛出自己的想法。记住，不要有语言或非语言的判断，不要说"这永远行不通"或者翻白眼。记住把每件事都写下来——即使是愚蠢的想法，即使是你永远不会真的同意这些想法。当孩子们很容易感到无聊或分心时，让这个过程变得轻松有趣就显得尤为重要。

7.精简方案

列出所有的想法后，找出你们都同意的解决方案。你可以先划掉对自己或双方都不适用的解决方案。让孩子先划掉一项，然后你再划掉一项。继续这个过程，直到你们都同意清单上的解决方案为止。

8.决定尝试其中一个

按你愿意尝试的顺序，把解决方案排列起来。

9. 通过4个过滤器来筛选解决方案

- 解决方案是否尊重所有的参与者？
- 解决方案合理吗？
- 这个解决方案能让你们重新建立关系吗？
- 这个解决方案是否给了孩子为自己的行为负责的机会？

10. 同意根据需要重新谈判

如果你或者孩子对解决方案不满意了，可以重新考虑协议。

如果一份共同协议包含了不止一个可能被孩子（或你！）忘记的"步骤"或条款，我们强烈建议你让孩子写下新的协议或惯例，让每个人签字，然后把它挂在一个容易看到的地方。

在双赢的家庭环境中成长的孩子很少需要在生活中创造一种力量感、价值感或安全感。

——简·布鲁斯汀

现实生活中的共同协议案例

这里有一些双方在限制范围内达成的非正式和正式共同协议的案例。

限制：4岁孩子定期洗澡。

共同协议：一家人同意孩子周一、周四和周六洗澡，洗浴时间是在饭后睡前，可以玩泡泡浴和玩具，最多持续一个小时。

限制：6岁的孩子20：30熄灯睡觉。

共同协议：家人约定就寝活动：换上睡衣、刷牙、听首歌、看3本书，然后在床上和爸爸妈妈拥抱15分钟，然后爸爸妈妈离开，孩子留在床上睡觉。

限制：12岁的孩子每天都要做作业。

共同协议：家人同意，孩子放学后在开始做家庭作业前有一小时的空闲时间。爸爸将在18：30—20：00之间帮忙做家庭作业。妈妈不会在家庭作业时间播放她的蓝草音乐专辑。

限制： 14岁的孩子要经常锻炼。

共同协议： 家人同意青少年可以选择他想做的活动。如果需要父母开车送他去某个地方，比如去游泳池或健身房，他会提前通知。

限制： 17岁的孩子有宵禁。

共同协议： 家人决定周末晚上宵禁的时间为23：00。

限制： 所有的孩子都要做家务。

共同协议： 一家人制作家庭任务转盘，并同意在每周家庭会议上转动转盘。

限制： 一天结束，孩子和父母会一起清理客厅里的杂物。

共同协议： 每天结束时，所有放在客厅里的东西都要放到车库的一个大桶里。孩子和父母可以随时从桶里取回他们的物品。然后，周末整个家庭都要检查大桶，把属于自己的东西放在一边，他们也可能决定把剩下的玩具或物品捐给慈善机构。

利用限制作为筹码？这是一个危险信号

当你试图让孩子们按你说的去做时，用限制作为筹码是一个危险信号，表明你在这个特定的限制上有问题。当父母说："马上把玩具收起来，否则我让你早点睡觉。"你可以肯定，父母在设定就寝时间方面有困难。或者如果家长说："你知道最好不要等到最后一分钟才做作业，我要把你的手机没收一个星期。"这明显表明家长在设置手机使用限制方面遇到了麻烦。把睡觉时间当成"惩罚"，你实际上是在让自己的事情变得更糟；而把手机当成"奖励"，你是在让它变得更诱人，而不是更不诱人。如果你有这样的问题，是时候停止这些威胁并采用新的方法了。

改变育儿任务：让共同协议起作用

你列出了和孩子一起经历的一些挑战。说出那些你认为可以通过共同协议

来缓解的问题。

适合达成共同协议的亲子冲突主题包括：

- 分配房间/衣橱

- 津贴/钱

- 洗澡时间

- 就寝时间

- 孩子在外行为

- 自行车头盔

- 汽车座椅和安全带

- 做家务

- 爬树

- 使用家中共享区的条件

- 过马路

- 宵禁

- 电子产品使用

- 做作业

- 家里的食物

- 洗衣服

- 在父母不知道的情况下离开家

- 就餐时间

- 刷牙

- 使用汽车

- 使用游泳池

如果有人建议你应该更加一致，告诉他们你的确很一致……一致顺从自己的心意。

——斯科特·诺艾尔

"系统问题"还是"关系问题"

当限制带来挑战时，有时会被称作"系统问题"。也就是说，要解决问题就要通过共同协议建立一个新程序或新系统。例如，当家长很难让孩子每天按时上学或按时睡觉时，他面临的可能就是一个系统问题。如果是这样的话，解决方案起码要包括为家庭设计一个早上或者晚上的日常安排系统。

系统问题：由于缺乏有序的组织、流程或行动计划而引起的亲子冲突。一个基于共同协议的组织有序的新系统通常是其解决方案。

但是，系统问题与其他类型的问题截然不同。例如，系统无法解决孩子的挑战，也不能解决我们所说的"关系问题"——即根植于未被满足的情感需求的挑战。

关系问题：孩子认为自己的需求没有得到满足而导致的亲子冲突。其解决方案通常在于满足孩子七个方面的特殊需求来加强亲子关系。

由于共同协议对关系问题不起作用，因此理解系统问题和关系问题的区别尤其重要。为了引起你的关注，孩子抱住你的腿，坐在超市中间，因为没有权力而拒绝挪开，或者因为和你缺乏联系而打人，此时共同协议不管用。有关联的关系是任何成功的共同协议的先决条件。这是因为只有满足了孩子的需求，真正的合作才能存在。

没有关系的限制=反叛

有关系的限制=合作

如果你认为自己同时遇到了系统问题和关系问题。那么改变育儿的解决方案流程会把你引到关系领域，如果孩子的需求没有得到满足，双方的共识往往不会持久。

正在经历权力斗争？这与限制无关

我们说的一些话往往听起来非常合理，比如"该睡觉了"。而孩子则会说一些完全不合理的话，比如："我就不睡觉。就不，你不能逼我，我不，我不想谈判！我不听！"这种情况很常见，也很烦人。你可能会想，在上床睡觉这件事上，权力斗争已经到了要爆发的极限。但令人惊讶的是，事实并非如此。

如果你家里正在经历权力斗争，要么你的孩子不到6岁，要么孩子认为他的情感需求没有得到满足。这意味着限制只是一个无辜的旁观者，卷入了纷繁复杂的关系问题。

在与年龄相适应的权力斗争中，非正式的双赢协议会有所帮助。但是，对于与关系相关的权力斗争来说，共同协议永远解决不了问题——因为潜在问题与限制无关，限制只会刺激事态的发展。在本书中，我会讲述很多关于避免和摆脱系统型和关系型权力斗争的建议。

如果孩子破坏了共同协议

即使是最合理、最易解释的限制和最精确、计划周密的共同协议，也会时不时地偏离轨道。

有时孩子们会忘了协议："我以为你说过，如果我先吃点健康的东西，就可以吃7块饼干。"有时他们很难坚持遵守协议："但我真的、真的、真的、真的想要第7块饼干！"他们可能会"试探"协议，看看它是否仍然有效："我今天吃7块饼干，明天只吃两块，好吗？"他们甚至为了有趣而挑战限制："看我，妈妈！7块饼干！马上就要到我嘴里来啦！哈哈哈！"或者他们可能仅仅是因为年龄太小而做出糟糕的选择，有时孩子们会做出糟糕的选择，他们不会像我们大人那样综观大局，不知道这样做的后果，也不知道吃了7块饼干肚子会痛。

那么该怎么办呢？

首先，当双方达成协议时，难免会遇到一些磕磕绊绊，你可能需要偶尔调整一下。你甚至会发现要为自己没能遵守承诺而道歉。比如，你可能会说："我们约定晚饭时不打手机，而我却在看手机！我很抱歉，我这就把手机关掉。"

其次，重要的是，在尝试不同的解决方案之前，你要给协议一个发挥作用的机会。以下是如何在不发脾气的情况下维护共同协议。

以善意维护共同协议

你花了45分钟制定出一份共同协议，然后孩子第二天就把协议打破了，或想要打破协议，这可能会令人沮丧。但这也是必然会发生的，所以最好预先有个估计。

在这些情况下，这些步骤与申明界限和维护限制非常相似，但并不完全相同。不同之处在于，在维护共同协议时，你不需要判断共同协议是否合理。你提供的是选择，而不是赋权的问题。以下是3个步骤：

1. 承认孩子的情感。

2. 友好陈述共同协议。

3. 提供一个选择。

例如，你和4岁孩子约好20：30睡，他想晚点睡。

首先，你要承认他的情感："我听得出来你很失望，真的想再玩一会儿，但是现在该睡觉了……我希望我能让时间倒流。"

其次，你善意地陈述共同协议："记住，我们约好的是20：30睡觉。"

最后，你提供了一个选择："你今晚可以不看书，多玩一会儿，或者我们现在就去看书。你想做什么？"

对于稍大一点的孩子，你可能会说："你还有别的什么选择？"或者"你还能做些什么？"关键是让孩子参与进来，让他自己决定做什么，或者在不违反共同协议的情况下为她自己的决定负责。

不要搞错：第三部分——选择/选项部分——非常重要。通常，父母认为，当孩子做出的选择违反了共同协议，他们必须施加惩罚或不停地唠叨孩子，但这剥夺了孩子认识自己错误的机会，他们只感觉父母强加的惩罚或唠叨伤害了自己。

如果孩子太小，无法达成协议怎么办？

7岁以下的儿童有时很难接受限制，因为他们年龄太小，无法充分参与共同协议。无论如何，你都要制定共同协议，即使清楚协议进行得不会非常顺利，但你正在为未来的成功奠定基础。

"SIRI：怎么才能把孩子从iPad上弄下来"

关于电子产品对儿童的长期影响的研究仍处于起步阶段，但无需科学家们来告诉我们，过多地接触电子产品会对孩子的健康和幸福产生负面影响——我们可以从孩子的行为中看到这一点。

孩子表现出越来越多的攻击性，失去耐心，缺乏社交互动，权力斗争加剧，倾向于超出规定的时间限制，全神贯注于点击、点赞和关注，以及几乎像上瘾一样强迫自己登录并开始滑动。毫不奇怪，在我们的调查对象中，近一半的人把孩子使用电子产品列为头号挑战。

好消息是，使用电子产品相关的挑战和其他系统挑战一样，都是可以通过共同协议来解决的。我们发现，在允许孩子使用电子产品的同时起草书面的共同协议，由每个家庭成员协商并签署，这是在高科技时代保持家庭和睦和精神愉悦的最直接途径之一。

坏消息是，电子产品使用协议比其他非技术协议需要更多的思考、更复杂的谈判、更多的监控和更频繁的重新评估。简言之，这需要更多的工作。

"屏幕时间"是使用各种不同电子产品的简称，包括但不限于电视、电影、游戏、短信、上网、拍照、音乐制作、视频编辑、在线研究和阅读电子书，更不用说社交媒体这一巨大、广阔、不断扩展的世界了。并非所有的屏幕时间都是平等的，而且，并非所有的屏幕时间都带来同等挑战。

身为作家和演说家的阿尔菲·科恩在一次采访中告诉我们："知名沙盘游戏《我的世界》和暴力游戏是有区别的，而孩子经我们允许稍微玩一会儿和孩子表现出失常上瘾的迹象有所不同。"的确，家长在为孩子设置使用电子产品的时间限制时，应该根据其在家中观察到的情况来进行特殊考虑。

当电视关掉时，孩子会变得好斗吗？他会难以入睡吗？他会隐藏自己使用电子产品的痕迹吗？也许你已经注意到孩子由于使用社交媒体或日益孤立而产生了情绪变化。也许你担心那些被屏幕时间取代掉的东西：真正的运动，真正的阅读，和与真实的人建立起联系。

毫无疑问，必须限制并监控孩子们使用电子产品的时间，这关乎健康和安全，越早设定限制越好。一定要关注你目前面临的挑战，而不是去担心一些莫须有的东西。技术不是罪魁祸首，电子产品是世界的一部分，也必然会成为孩子们学习和事业的一部分。我们必须运用常识，把注意力放在奖赏上：与我们的孩子保持积极的联系。

"最终比孩子花时间更新社交平台状态更重要的是，"科恩说，"你和孩子的关系怎样，以及你如何解决在这个问题中树立了什么样的榜样。"

我们的建议

1. 坐下来参加正式的圆桌会议

2. 尽可能具体地写下每个孩子使用电子设备的各种方式

例如，你可以这样写：

6岁：看电视，在电脑上看电影，用通讯软件和爷爷奶奶聊天。

10岁：看电视，玩游戏，在iPad上制作和编辑电影，在线玩《我的世界》，在YouTube上看寓教于乐的视频，读电子书，玩教育数学游戏。

15岁：发短信，打电话，使用社交软件与朋友保持联系，使用社交平台，如Instagram，用手机创作艺术，在Xbox上玩游戏，有自己的视频博客，读电子书，使用笔记本电脑做家庭作业和与学校有关的活动。

多少才算太多？

美国儿科学会（American Academy of Pediatrics）发布了一套按年龄分组的

屏幕时间指南。建议包括：

0—18个月：除视频聊天外，不要看屏幕。

18个月—2岁：偶尔看高质量的视频节目，父母也要一起看，以帮助孩子理解他们所看到的。

2—5岁：每天看1小时的高质量节目，家长们也要一起观看，以帮助孩子们将他们所看到的应用到周围的世界。

6岁及以上：继续限制他们使用网络媒体的时间，家长要确保孩子有足够的睡眠、体育活动等。

3. 确定哪些用途必须受到限制以及限制的程度

例如，教育视频、手机短信、电影制作和艺术创作可能需要不同于玩游戏、看电视或使用社交媒体的限制。看电子书或与爷爷奶奶进行视频聊天可能根本不需要任何限制。

4. 设置合适的时间

为工作日、周末和节假日使用电子设备设置合适的时间限制，一定要听取每个人的意见！例如：

6岁：每天可以看30分钟电视，玩30分钟电子游戏（以及晚上和家人一起看电视或电影）。

10岁：工作日每天能玩电子设备最多一个小时，周末最多则为一个半小时（以及晚上和家人一起看电视或电影）。

15岁：工作日每天最多能玩2个小时电子设备，每个周末最多玩3个小时（以及晚上和家人一起看电视或电影）。

5. 决定孩子如何遵守时间限制，以尽可能提高其遵守协议的可能性

6岁的孩子：会在节目结束后关掉电视，在开始玩游戏之前设置计时器。

10岁和15岁的孩子：给所有被设定限制的屏幕时间设定计时器，当因为制

作电影、艺术作品等其他原因需要使用电脑等时，需告知父母。

6. 阐明其他限制

例如，家庭可能会决定：

- 睡前一小时内不看电视。
- 就寝时间后不在卧室里玩手机。
- 吃饭时间，所有的手机（包括父母的手机）都关机，并放在篮子里。
- 未经家长许可，不得下载手机应用软件。
- 未经家长许可，不得购买应用。
- 禁止观看、制作或分享任何与性有关的内容。
- 禁止在网上欺凌他人或说脏话。
- 父母可以随时查看社交媒体账号。
- 开车时不要发短信。
- 与家人交谈时不要发短信或使用社交媒体（这也包括父母）。

7. 完成协议

审核条款，并让每个人口头通过。然后，一家人一起写下尽可能多的细节协议，并把协议挂在一个共同的领域，提醒孩子条款可以在任何时候重新协商（提前通知）。

8. 重新审视这个问题

如前所述，屏幕时间协议需要持续维护。至少一开始每周都要和孩子核对协议，询问进展如何，他是否仍然对协议感到满意，他是否需要任何帮助。不要唠叨或批评。试着给他力量，让他继续尽自己最大的努力，如果他有任何问题，就主动提供帮助。

记住，电子产品不是敌人。如果你的孩子看起来适应能力强，全面发展，情绪稳定，显然不值得为其使用电子产品而费神。科恩在我们的采访中说："我们越关注'规则是什么'和'看多长时间电视'这类问题，我们就越无暇去问'这样做的动机是什么？有什么问题？问题是什么'。"

话虽如此，但可能会出现真正的问题。而你，作为家长，必须愿意在情况需要时介入并拉回正轨。如果3岁的孩子看电视后变得更有攻击性，你可能需要把电视的插头拔掉几个月。如果家人间似乎联系很少，而你认为电子产品可能是罪魁祸首，那么一周不看或许挺合适。如果你知道孩子这个年龄有可能在网上被欺负，或者被要求上传不合适的照片，那就和他们谈谈，保持开放沟通。并且，在所有的事情上，试着作一个好的榜样。

的确，这里最重要的是我们如何解决问题以及我们的关系如何。有了这两件事，你将给你的孩子许可证，你们两个在一起可以讨论如何区分正面和负面的媒体，社交网络如何成为时间黑洞，我们在网络上看到的精修图并非"现实生活"，在网上"匿名"是多么困难，什么类型的媒体在本质上是创造性的，哪些是被动的，电子产品是如何影响我们的身体和思想的，偶尔离开电子产品一段时间的重要性，对每个人来说，抵制这些闪亮设备的吸引力是多么困难。

确定屏幕时间的挑战并不会很快消失。所以对你的孩子要有耐心，他们有时会搞砸。他们会超过限度，会挣扎。但如果你表现出耐心和支持他们的意愿，他们就会更好地掌握监控自己使用的重要性，并对如何做到这一点有一些好的想法。

改变育儿任务：签订电子产品协议

如果你的孩子已经长大了，会看电视了，而你还没有和他们签订电子产品协议，还在等什么？去做吧！

_____

_____

学会谈判是家庭和谐的捷径

这时，你可能会想，等等，你是在说我想让孩子做或不做每件事现在都要谈判吗？听起来很累人！

首先，"容易"从来都与为人父母无关。我们承诺给你工具，我们没有向你承诺魔法。从长远来看，如果你不放弃传统的育儿方式，没有什么比越来越复杂和令人担忧的问题更让人疲惫的了。

我们可以向你保证，解决问题的双赢行动将非常有助于第一时间减少问题。你做得越多，家庭的节奏越和谐。一开始看起来"很多的谈判"，会成为家庭和谐的捷径。

家庭会议

每周召集家庭会议是避免权力斗争、进行时间安排、讨论问题的好方式，还能帮助每个人保持联系。你可以这样做：

1. 为家人准备一块白板或黑板

2. 把问题写下来

当任何家庭成员认为某个问题在一周内需要特别注意时，他就会把该问题写在或画在白板上或一张纸上，然后挂在显眼的地方。

例如：

- 哥哥打妹妹。
- 妈妈接孩子放学迟到了。
- 妹妹吃麦片吃相不好。
- 孩子们把垃圾留在爸爸的车里。
- 孩子们电视看得太多。

通常情况下，仅仅把这些事情写下来供之后讨论就会使问题得到缓解，待到家庭会议时，问题就会迎刃而解。

3. 举行会议

这是一个集思广益、协商共赢、合作的时候。如果你在使用任务轮，现在是旋转任务轮的好时机。

这个方法的经验是，孩子的注意力持续时间与其年龄相当，前后相差不超过2分钟。一个5岁的孩子注意力持续时间通常为3—7分钟。

所有的决定都是根据共识做出的，而非多数决定原则。每个人都必须同意，或者重新开始，或者变得更有创造力。同时，允许孩子们不参加家庭会议，并且让他们知道这些决定是在他们没有参与的情况下做出的。在家庭会议上，你也可以这样做：

- 每周轮换一位新领导和秘书。领导主持会议，并要求每个家庭成员发言，秘书记录下讨论的内容和做出的决定。

- 为接下来的一周计划一些有趣的事情。

- 保持幽默，让会议轻松愉快。

- 以感谢圈开始会议。

真实案例！

一位妈妈每天早上给5岁的孩子穿衣服时，都非常艰难，这场斗争持续不休。孩子根本不想穿衣服，而妈妈总是坚持要他穿。在以心为本的育儿课上学习了孩子的挑战、限制和界限这些后，妈妈回家告诉儿子，早上不愿意再帮他穿衣服了（界限），但她希望他早上能准时穿好衣服上学（限制）。接着她问了一个赋权的问题："为了早上能按时上学，你会做些什么？"男孩想了想，做了一个既独特又巧妙的决定：他晚上穿上校服，然后上床睡觉，这样早上就不用穿衣服了。妈妈笑了，但还是让他这样做了。这个男孩的决定不仅促成了最终双赢，而且非常成功，他就这样坚持了7年。

如果家庭要真正民主地运作，家庭会议是必不可少的。

——唐·丁克迈耶和加里·麦凯

改变育儿任务：召开家庭会议

如果你从未尝试过召开家庭会议，你的任务就是提出这一话题。下次当家人在一起的时候，解释一下这个概念，集思广益，想想什么时候和怎样开周例会最适合，然后把它标记在日历上！

限制工具箱

当孩子质疑或违反你设定的限制，或你的系统结构欠佳时，请使用这些工具箱。例如，当孩子拒绝遵守设定的限制，不接受否定的回答，想要一些他无法拥有的东西，或者违反了已经存在的共同协议时。记住，关于"限制"的工具箱最好在关系问题解决后使用。

- 给予情感上的认可。
- 确保限制是合理的。
- 说明限制。
- 问一些赋权的问题。
- 就限制达成一致。
- 对于简单的挑战，创造非正式的双赢。
- 对于复杂/持续的挑战，安排正式的圆桌会议。
- 坚持共同协议的3个步骤。
- 召开家庭会议。

请在这里添加你的笔记：

_____

_____

家庭冲突为什么是件好事

"大多数父母不喜欢经历冲突，当冲突发生时，他们会深感不安，也很困惑如何建设性地进行处理。"事实上，一段时间内一个人的需求与另一个人的需求没有冲突，这种关系非常罕见。任何两个人共存时，冲突都必然会产生。

父母之间的激烈讨论最好不要让孩子们听到，以免他们感到有压力或担忧。但如果孩子们认为争吵是错误的——如果他们认为在某些时候坚持己见是不合适的——他们就更有可能成为冲突回避者。由于认为其他人会生他们的气，他们甚至可能会变得害怕分歧，或者会习惯于对任何不同意其意见的人生气。

通过向孩子们展示冲突是正常的，"顶嘴"也有积极的一面，父母可以让孩子们更具批判性地思考解决问题的能力，还有额外的收获！经过训练，孩子们可以勇敢面对来自同伴的压力、操纵和虐待。

从竞争到狂欢：兄弟姐妹冲突指南

兄弟姐妹之间因为各种各样的原因而斗争：为了获得关注，为了感到强大，为了缓解紧张或无聊，为了寻求刺激，为了父母偏向一个孩子而不是另一个孩子，为了进行报复，或者仅仅是为了打架而打架，孩子们只是单纯地打架而已。

无论出于什么原因，无论情况如何，孩子之间的冲突都可能让父母感到愤怒又伤心。当父母发现似乎无法让孩子结束斗争时，尤其是当他们不确定是否应该结束斗争时，往往会感到内疚或觉得自己不称职。事实是，有时兄弟姐妹之间的争斗最好留给孩子们自己去解决——他们就这样磨炼了自己的人际技巧，学会与他人划清界限；有时则不行。

在我们开始具体说明如何以及何时干预兄弟姐妹冲突之前，要知道父母有几种言语或行为不经意间会助长兄弟姐妹之间的竞争。尽最大的努力去遵循这9条建议，你将会帮助孩子把竞争变成狂欢。

1. 满足每个孩子的情感需求

记住，当孩子的需要没有得到满足，或者感觉自己无法相信你能容忍其极端情绪时，他们很可能会"改变"其发泄愤怒的对象——从父母变成兄弟姐妹。在这种情况下，你应该关注的不是孩子的争斗，而是他们潜在的需求。

2. 要根据孩子的气质来对待他们

即使最具挑战性的行为背后，孩子仍然是可爱的、有能力的、有爱心的，他有自己的气质、成长阶段和情感需求。值得为此庆祝。你如何看待孩子在很大程度上决定了他们如何看待自己，以及彼此如何对待兄弟姐妹。

3. 避免比较

不要拿孩子们作比较——即使是在开玩笑或者你认为无关紧要的时候。比较消极的类似于这样："如果你像姐姐一样努力学习，取得更好的成绩，你也可以获得奖学金上大学。"比较积极的听起来是这样的："哇，你二年级的时候就学会了所有的乘法表，你哥哥直到四年级才开始学习。"两种比较都是有害的。

4. 避免偏袒

在兄弟姐妹的斗争中，避免偏帮一个孩子，而打击另一个孩子，因为这会造成怨恨，也是兄弟姐妹们还会继续冲突的原因。相反，居中调停可以培养兄弟姐妹之间的关系。

5. 用团队合作代替竞争

竞争会导致兄弟姐妹之间的竞争。相反，要重视"团队家庭"的概念。例如，一起洗碗，或者说"我要设定好秒表，让我们看看你们这队能以多快的速度穿上睡衣"。

6. 避免给孩子贴上标签，或把他们局限在某个角色中

例如，"擅长运动的""聪明的""艺术的""好女孩""坏男孩"。在根据孩子在家庭中的"排行"来给他们贴标签时也要小心，比如说，"你现在是个大哥哥了"或"请帮帮小妹妹"，会让孩子陷入角色中并激怒他们。只需说"你们是兄弟"，或"帮帮你妹妹"。让每个孩子都有机会体验到对方的一些特权和责任。

7. 鼓励参与

即使一个孩子在某领域显示出"天赋"，也要鼓励每个人都参与。再说一次，孩子是否"擅长"某件事并不重要，重要的是他是否喜欢这件事。如果不尝试一下，他就不知道自己是否喜欢它。提醒孩子和你自己，人们学习有快有慢，即使一个孩子特别精通某件事，并不意味着其他人都应该回避。无论是运动、艺术还是学术追求，一个真正感兴趣的孩子在这一领域会有特殊的贡献——即使他的天赋没有马上显露出来，即使他不符合某些传统的模式。

8. 做好准备

只有在孩子们准备好了的时候，才让孩子分享他们的玩具、财产和食物。孩子们有权拥有自己的东西，从发展的角度来说，孩子们在6—7岁时就可以真正地分享自己的东西。除非他们愿意，否则不要强迫他们与兄弟姐妹分享，强迫分享往往会导致怨恨和隔阂。

9. 学会暂停

教孩子们如何按下自己的"暂停"按钮——并以身作则。每个人都会有反应过激的时候，向孩子们展示这是正常的，提供一些技能帮他们平静下来，这非常重要。

让孩子们注意电子产品和屏幕时间。他们经常因为花太多时间玩电子产品或看太多电视而打架。孩子们不应该长时间坐着，他们需要运动、玩耍和与人交流。

养育独生子女？冲突可能发生在你身上

"独生子女"的父母会抱怨孩子有时显得特别无礼。独生子女可能会更多地和父母顶嘴，把他们的挫折感发泄在父母身上。这并非显示你抚养了一个"被宠坏了的孩子"，只是孩子没有兄弟姐妹来承受他们压抑已久的愤怒，所以只能由父母去承受。

如何处理孩子之间的争吵

兄弟姐妹们之间的争吵，我们简化为两个方面：需要干预的情况和不需要干预的情况。这些技巧在处理朋友、表亲或同学之间的争吵时也很有效。

第一回合：不需要干预

这种类型的争吵非常普遍——甚至不可避免——听起来也像是典型的争吵。争吵可能会惹恼你，并且时常会，但不需要你出面调停，让孩子们自己解决这些类型的斗争。

兄弟姐妹是我们练习的对象，教会我们公平、合作、善良和关心人。

——帕梅拉·达格代尔

第二回合：需要干预

第二回合发生在形势"升温"的时候。可能争论涉及辱骂或威胁，或者是更加大规模麻烦行为的一部分。或者一个孩子明显地变成了侵略者，而另外一个变成了受害者，或者两个都是侵略者，情况正朝着身体暴力的方向升级——或者已经升级了。大多数父母本能地知道战斗何时从第一回合转到第二回合，他们必须介入，只是方式并非你想的那样。

在任何情况下，父母都不能忽视第二回合斗争。当他们注意到第二回合斗争时，通常会注意到施暴者：

- 通过暴力和恐吓来得到想要的东西。
- 必须通过压迫别人来获得权力。
- 感觉受到伤害时，一定会反过来伤害你。
- 为了得到他想要的，会侵犯他人的个人界限。

反过来，被认为是"受害者"的人往往会认为：

- 他要么需要父母救助，要么就得屈服。
- 他必须满足于他所能得到的一切。
- 他太弱小，无法应对自己的挑战。
- 他必须允许别人侵犯他的个人界限，因为他不知道还能做什么。

话虽如此，在第二回合的斗争中，我们能提供的最重要和有用的建议是不表露自己的观点，不偏袒任何一方，你的角色不是去权衡，不是停止战斗，而是中立的调解人。

很多时候，当兄弟姐妹们吵架时，父母们会迅速地冲进来——认为提出解决方案会促进和谐。然而，当父母扮演法官的角色时，可能会导致一个或两个孩子建立对父母和彼此的怨恨。有时，当父母不在场时，被认为"有过错"的孩子会对兄弟姐妹做出不友好的举动，以"平衡竞争环境"或惩罚给他带来麻烦的兄弟姐妹。

父母们明智的做法是跟随专业调解员的脚步，他们受过训练，不会为争吵的一方提出具体的解决方案。这是因为当负面情绪出现时，你的创造性思维就会激增。

当你是中立的调解人，教授健康、双赢的谈判技巧中，你的孩子就会成为有创造力的问题解决者，能够处理自己的冲突。

调解第二回合斗争的真理

当介入第二回合斗争时，以下是具体的步骤：

1. **明确意图**

再说一遍，你的角色不是停止战斗，而是为战斗带来和平、耐心的调解，是对双方的理解——这样孩子自己就可以停止战斗。

2. **冷静而充满爱心地进入状态**

到孩子们那儿，平视他们。与孩子们进行友好的、充满爱意的眼神交流，确保语气不带评判。你甚至可以说："我不偏袒某一方。"

3. **试着给每个孩子感官体验**

当孩子们在斗争时，感官体验可以有效地帮助他们自我调节。你可以试着摩挲他们的背部或者温柔地握住他们的手。

4. **问："你感觉如何？"**

问一个更重要的问题："你感觉如何？"而不是问"发生了什么事"——如果孩子们愿意，他们自然会告诉你。同情地倾听，肯定每个孩子的感受。

5. **问："你想要什么？"**

在你听到他们的感受后，问每个孩子他们想要什么。再次确认并认可他们每一个人，确保没有人只是为了完成这个过程而放弃他们的需求和欲望。

6. **问问自己："如何才能'双赢'？"**

和孩子们在一起，他们一开始就会进行双赢的谈判。在他们练习并理解了这个过程之后，你可以离开，让他们自己解决问题。你可以这样表达你对他们的信心："我知道你们能想出办法。"

7. **接受解决方案——不管是什么**

你可能不同意这个解决方案，这似乎对一方或另一方都不公平。它甚至看起来不像是一个决议！没关系。支持他们，他们自己找到了一个他们认为是双赢的解决方案。为它鼓掌，然后继续前进。

8. **必要的时候，建议彼此冷静一下**

当孩子们之间已经有了身体冲突，或者变成了愤怒，他们需要一些自我平静的时间。让孩子们彼此分开，直到他们准备好继续前进或解决问题。只是要确保这不会成为一种必然的策略。如果孩子们没有足够的机会成熟地解决他们的问题，那他们就永远也不会。

对父母来说，做一个中立的调解人是很有挑战性的，尤其是当你看到一个兄弟姐妹打另一个，或者听到一个兄弟姐妹对另一个人恶语相向的时候。虽然我们有责任保护我们所有的孩子不受伤害，并教导我们的孩子解决问题的技巧，但我们也不必担心敌意会永远持续下去。尽你最大的努力去遵循这些指导方针，满足每个孩子的特殊需求，你的孩子很可能会在成长过程中以各种美妙的方式去爱、珍视和依赖他人。

排行的负担，以及父母该怎么做

以下所说的特征只是用来指导孩子如何就他的出生顺序来看待其世界。这些特征都不是固定不变的，孩子们会随着时间成长、改变，有时，由于种种原因，这些概括并不适用。但是，排行顺序往往会影响父母对待孩子的方式，从而影响孩子的行为，所以我们一定要提到这一点。

独生子女

- 喜欢成为关注的焦点；
- 有责任心；
- 把自己和父母作比较；
- 可能比较安静、无助，或者才华横溢，成就非凡。

父母可以做什么

- 支持他拜访朋友；
- 创造和其他孩子一起学习的机会；
- 避免过分细致地管理孩子；
- 不小题大做。

老大

- 会被兄弟姐妹"废黜"；
- 可能非常善良，好学，且负责任；
- 可能非常专横跋扈，或者成绩斐然，可能是"模范孩子"。

父母可以做什么

- 避免向孩子施加"成功"的压力；

- 为孩子作出榜样，失望时如何对自己好一些；

- 为孩子作出榜样，从错误中学习；

- 教会他"喜欢去做"，而不是"喜欢去赢"。

老二

- 希望能达到老大的能力；

- 希望成为和老大截然相反的人；

- 关注公平。

父母可以做什么

- 鼓励孩子的个性；

- 接受当前的发展阶段；

- 避免把他和稍长的孩子作比较；

- 允许其自我表达。

排行中间的孩子

- 可能对自己在家中的地位不确定；

- 可能会是好的调停者；

- 可能会感觉生活不公平。

父母可以做什么

- 抽时间进行一对一约会；

- 鼓励孩子表达自己的想法；

- 让孩子自己处理大孩子和小孩子的冲突。

最小的孩子

- 很容易过分受宠；

- 经常被当作"小孩子"；

- 会被保护起来，没有冲突；

- 有时不会被严肃对待；

- 有时会很无助。

父母可以做什么

- 教育他要独立，并作出榜样；

- 让孩子自己处理和兄弟姐妹之间的冲突；

- 不再把孩子当作"小孩子"；

- 鼓励他自力更生；

- 允许孩子去主导活动。

例外情况

- 男孩子/女孩子们中间的独生子/独生女；

- 双胞胎；

- 兄弟姐妹死亡；

- 慢性病；

- 重组家庭的继兄弟姐妹；

- 孩子之间相差5岁以上。

兄弟姐妹狂欢工具箱

用这个工具箱把兄弟姐妹间的竞争变成狂欢。例如，兄弟姐妹之间会争吵、唠叨、指出对方的缺点、责骂或纠正对方，或者其中一个比其他兄弟姐妹强势，或者对其他人表现出攻击性或暴力。

- 忽略第一回合斗争。

- 遵循调解第二回合斗争的协议。

- 遵循预防兄弟姐妹冲突的九条建议。

- 对行为做出反应时考虑出生顺序。

请在这里添加你的笔记：

第十二章

真相10

对于未被满足的需求，
所有孩子都要经历4重挫折

阿德勒和德瑞克斯最先表示，在童年未得到满足的情感需求和成年后的心理问题之间有直接联系。定期满足孩子所有7项需求，其重要性怎么强调都不为过。未被满足的情感需求会产生负面情绪，从而导致许多不健康的行为和令人担忧的困境——从厌食症到成瘾，从少女怀孕到犯罪等。泰当了40多年的警察，琳达与孩子和各色家庭打了35年的交道。他们反复看到未能满足孩子7项特殊需求的常见结果。他们把未能满足需求产生的结果称为"Danger Zone"（危险区）。

是的，又一个缩写词。

D = Disorder 无序：情绪问题、愤怒管理问题和饮食失调都属于这一类。严重缺乏权力的人可能会把暴食或厌食作为控制某物的一种手段——即使那只是食物。

A = Addiction 成瘾：使用药品和酒精是人们麻醉自己的一种方式，以对抗许多未被满足的需求带来的伤害。

N = Negative 消极的自尊和自我对话：需求未能满足的孩子可能会认为自己的价值不如别人，这会导致消极的自尊和自我对话。

G = Gang and crime 拉帮结派和犯罪：孩子加入帮派以满足其情感需求，但他们加入的却是功能失调的新"家庭"。他们的权力感来自伤害他人，通过满身的文身来满足关系需求，许多来自各个阶层的孩子为了填补情感空白而犯罪。

E = Early sex 过早进行性行为：情感饥渴的青少年更有可能与其他青少年或成年人过早发生性行为。

R = Relationship dysfunction 关系障碍：情感上没有满足的人也会被情感需求没有得到满足的人所吸引，这是有道理的。不健康的应对机制，无论是肆意破坏还是洗劫父母的药箱，都可能从一个朋友传给另一个朋友，结果往往造成不正常的关系。

幸运的是，早在孩子接触到坏影响之前，他们就发出了大量警告信号，表明他们正在偏离轨道。无论是情感上，还是行动上，他们告诉我们，自己缺乏一些重要的东西，可能是联系、注意力、权力，也可能是无条件的爱。

我们首次讨论的关系问题就是这些"警告信号"的结果，关系问题表明你不能满足孩子的情感需求。困难的是我们已经为孩子做了这么多。无论我们是倾向于控制孩子还是非常宽容，我们大多数人都是为孩子而活，并倾向于相信自己已经在用一千种不同的方式满足他们的需求。

是的，在我们看来，孩子已经得到了足够的注意力，拥有了足够的权力和爱，但我们的感知无关紧要。如果在孩子自身看来，其得到注意力、权力或爱还不够，他们会以一种合乎逻辑的形式——而非一种草率的、乱七八糟的形式，让我们知道。他们唯一需要的就是以心为本式的回应。

当需求未被满足时的情感		需求被满足时的情感	
害怕	急躁的	有爱的	充满希望的
愤怒	嫉妒的	警惕的	感兴趣的
烦躁	孤独的	愉悦的	投入的
焦虑	疯癫的	舒适的	有营养的
痛苦	沉郁的	同情的	开放的
厌烦	悲惨的	自信的	乐观的
迷惑	紧张的	满足的	和平的
沮丧	迷茫的	好奇的	好玩的
难过	惋惜的	欣喜的	清新的
尴尬	愤恨的	狂喜的	如释重负的

当需求未被满足时的情感		需求被满足时的情感	
恐惧	不安的	热切的	放松的
郁闷	震惊的	受到鼓励的	满足的
犹豫	难过的	热情的	自爱的
有敌意	可疑的	兴奋的	善解人意的
感到受伤害	麻烦的	着迷的	安全的
没有耐心	不舒服的	友好的	感激的
无视	不开心的	愚笨的	温柔的
没有安全感	担忧的	感恩的	信任的

当你孩子的行为是一个谜时

德瑞克斯首次提出行为受挫这一概念，他指出了挫折的4个层次——称之为"被误解了的目标"——当孩子们的需求没有得到满足时，他们就会在这4个层次之间穿梭。

德瑞克斯的理论是，如果父母了解这些迹象，就能很轻易发现潜在的问题，并着手解决。更重要的是，他相信父母可以通过观察自己对这种行为的反应来更准确地发现孩子们的需求。

这么多年过去了，他的理论依然准确。虽然我们现在对德瑞克斯的研究与他当时的研究略有不同，但本章的信息受到其杰出工作的启发，并建立在其工作的基础上。

第一层次：要求关注

第二层次：权力斗争

第三层次：表现报复

第四层次：表现出无力感

尽管在一个层次受挫常常会发展到另一个层次，但孩子可能在任何层次出现沮丧，并根据情况跳跃到其他层次。

所有的"不端行为"都是孩子发出的求救信号，提醒你他有未被满足的需求或纠结的情感。

——劳拉·马卡姆

第一层次：要求关注

由于无法通过积极健康的互动来满足情感需求，孩子会使用任何必要的方式来引起你的注意。在第一层次，孩子可能会哭闹、乞求、做出一些轻微的惹人生气的行为来引起你的注意。他也可能会特意取悦你，让你把注意力从正在做的事情上转移到她身上来。

注意力需求听起来类似于：

看这个！看我！看！看！看！看！

可以肯定的是，一个要求你注意的孩子不是在寻求合作，不是在思考什么是"合适的"，也不会注意到其他事情可能会合理地分散你的注意力。他只是感到身体不舒服，相信你的关注会帮助他恢复稳定。

注意力是情感需求之一，孩子们每天都需要我们的关注，需要关注不是问题。要求关注则不同，当孩子要求你的注意时，他是在让你知道有问题潜藏在表象之下。

那么你怎么区分它们呢？

你要让自己的感觉来告诉你。

注意力需求让父母感到：

愤怒·恼怒·烦扰·疲惫·沮丧·被打断·唠叨

当然，有时你会感到疲劳或沮丧——也许你今天特别辛苦，对别人失去了耐心。不过，我们相信你知道生活中其他事情引起的愤怒和孩子消极行为引起的愤怒之间的区别。这里我们只指后者。

247

以控制型和纵容型的方式来应对要求关注

要求关注令人不愉快，但很容易解决。不幸的是，控制欲强或者过于宽容的父母的惯用伎俩并不能解决这个问题。事实上，他们经常让事情变得更糟。常见的反应包括：

- 忽视孩子。（纵容型）

- 通过言语或非言语行为表达他们的不满。（控制型）

- 发出大量提醒。（纵容型）

- 试图说服孩子并操纵其行为。（控制型和纵容型）

- 发出威胁。（控制型）

- 使用惩罚。（控制型）

- 使用贿赂和奖励。（控制型和纵容型）

- 允许孩子违反父母的限制和界限。（纵容型）

虽然家长们对强化消极行为的关注可以理解，但所有这些反应都是无效的。因为他们：（1）忽略了行为的根本原因；（2）让孩子们相信，他们此刻不能满足自己的需求。这必然会导致更具挑战性的行为，无论是立即导致挑战行为，还是随后才凸显出来。

一般来说，当一个孩子不能通过要求注意力来满足其需求时，他会加倍地寻求关注，或者直接进入权力斗争。

以心为本的方式来应对要求关注

预防和处理要求关注最有效的方法是此刻或尽快给予孩子更多真实的关注。我们的建议是：时刻准备着。寻找机会提供宝石时刻。并且，在任何必要的时候，通过以下方法在沉默中给予关注：

1. 避免目光接触。

2. 不说话。

3. 当你继续专注于你之前所做的事情时，温柔而平静地靠近孩子，摩挲孩子的下背部。

改变育儿任务："快看，妈妈，手不见了！"

回想一下过去的24小时，列出孩子要求你关注的时间——或者可能要求你关注的时间。你在那一刻成功地满足了他的需求吗？如果满足了，是如何满足的？如果没有，下次你会做什么？

第一层次挑战：要求关注

孩子认为：

● "你聚焦在我身上时，我才有归属感。"

● "你给我很多注意力时，我才感到被爱。"

孩子说：

● "看这个！"

● "看我！"

● "看！"

孩子可能会：

● 爱发牢骚；

● 反应过激；

● 做出令人讨厌的事；

● 不遗余力地讨好你；

● 懒惰；

● 一直做出令人生气的或恼人的行为；

● 过度活跃；

● 炫耀。

孩子希望：

被注意到，参与其中，并取得联系。

父母感到：

- 恼怒

- 疲惫

- 厌烦

- 不耐烦

- 沮丧

- 被打扰

- 被打断

当你的孩子出现以下行为时，说明你做对了：

- 自愿做事。

- 运用才能帮别人，或给人带来乐趣。

- 感觉自己被关注，但又不以自己被关注为目的。

- 作出贡献。

- 既不刻意出风头，也不避免抛头露面，合作。

要求关注工具箱

当孩子因为需求没有得到满足而需要你的关注时，使用这个工具箱。例如，孩子会打断你、乞求你、向你恳求、向你哭诉、扯你的衣服、爬到你身上、炫耀、想成为关注的中心、变得极度活跃、不断地问你问题、表现出烦人或令人恼火的习惯，或者似乎对大人想要什么过于感兴趣。

- 暂停—呼吸—询问法

- 必要时使用无声的注意

- 大量借用同理心工具箱

- 从需求工具箱中大量地借用（具体地说，使用宝石时刻，安排一对一约会，说"只玩一分钟"，而不是"一分钟后再来"，请求孩子的帮助，并建立高

层次的联系）

请在这里添加你的笔记：

第二层次：权力斗争

由于缺乏真正的、与年龄相适应的权力，孩子们无法满足自己的需求，并为此感到沮丧，于是他们努力地想按自己的方式行事。在权力斗争中，孩子的行为可能会给人留下他们难以相处、专横、固执或目中无人的印象。他可能会质疑你的计划或拒绝与你合作。他可能会顶嘴或大喊大叫。他可能会不惜一切代价"赢"。一般来说，你越是坚持自己的方式，孩子就越反抗你。

权力斗争听起来像这样的：

不！我不要！我不会做的！你们不能逼我！

当然，你可能认为孩子有足够的权力，甚至可能认为问题在于孩子被分配了太多的权力！这是一个普遍的误解。但是，那些经常参与权力斗争的孩子们并不沉迷于权力，也不需要"设身处地"。事实正好相反：参与权力斗争的孩子已经感到无能为力了。权力斗争永远不会以合作告终，因为权力斗争是强迫某人做他们不想做的事情。你可以在权力斗争中赢得控制，但无法赢得合作。

另一个误解是，在权力斗争中，孩子是为了争夺想要的东西。但当涉及权力斗争时，这个问题就不重要了。当孩子不断地拒绝洗澡、穿鞋或收起玩具时，这些挣扎很少是关于洗澡、鞋子或玩具的，而是关于孩子对权力的整体需要。

权力斗争让父母感到：

愤怒、挑战、威胁、被挑衅、失败，就像惩罚孩子一样

以控制型和纵容型的方式来应对权力斗争

控制型和纵容型父母通常在权力斗争中表现不佳。他们要么反击，要么让步。两者都不会带来积极的结果。具体的对策包括：

- 惩罚或威胁孩子。（控制型）

- 恐吓孩子或制造恐惧。（控制型）

- 强迫孩子服从。（控制型）

- 利用孩子的内疚感或羞耻感。（控制型和纵容型）

- 屈服于孩子。（纵容型）

- 使用贿赂或奖励。（控制型和纵容型）

这些都是无效的反应，因为他们忽视了行为的根本原因，在大多数情况下，这会让孩子们感到比以前更无能为力，从中得不到什么。一般来说，如果孩子不能通过权力斗争来满足对权力的需求，他就会加倍努力和/或采取报复行动。

以心为本的方式来应对权力斗争

权力是一种需求，而防止权力斗争的最好方法是满足孩子在日常生活中对权力的需求。你已经学习了提供选择，提供信息，而不是命令，让孩子参与家庭决策。这些对所有年龄段的孩子都非常重要，有助于防止权力斗争。

但有时权力斗争与年龄相对应——有时完全出乎我们的意料。那么，当一切都太迟了，当你已经和你的孩子就某个限制、界限或要求发生争执时，你该怎么办呢？结束权力斗争的唯一可靠方法就是拒绝参与权力斗争。就此结束。

权力斗争至少需要两个人。当一人退出斗争，斗争就结束了。所以放弃斗争，这是第一步。然后，确保自己处于域内（因为我们中有多少人能不被权力斗争所激发？），问自己两个问题：

- "此刻，我怎样才能给孩子更真实的权力？"

- "为了制止斗争，我愿意放弃什么？"

有效避免权力斗争的8个技巧

在权力斗争这一领域，父母往往压力很大，通常会面临负面后果。

抵制和暂停！记住，权力斗争是一个警告信号，表明孩子在此刻需要更多的权力。通过惩罚，你夺走了孩子的权力，这会让你在以后的道路上面临更多的权力斗争。

1. **避免斗争的目标**。如果你知道看电视时间和睡觉时间距离太近，最终会导致权力斗争，那就在睡前把电视关掉，或者干脆不要打开。如果你知道孩子要吃额外的甜点，会导致权力斗争，那么限制带回家的甜点的数量。如果你知道晚上才离开社交聚会会导致权力斗争，那么在孩子感到疲倦和烦躁之前，早点离开聚会。请放心，权力斗争不会永远持续下去！你不必总是关掉电视、限制吃奥利奥或早早退出聚会，但如果有必要，你要以理智的名义暂时克制自己。

2. **在明确限制之前，先和孩子建立联系**。如果你感觉到一场权力斗争正在酝酿，比如已经开始洗澡了，孩子还在不停地玩玩具，十几岁的孩子该洗车了，该离开聚会了。一种防止权力斗争的方法是，在提醒孩子这个限度或协议之前，迅速而真实地与孩子建立联系。站在孩子的立场上，进行眼神交流，友好一点，采取爱的行动（比如抚摸一下他的背部）。然后用"该"或"让我们"来宣布下一步需要做什么。

   - "该洗澡了！"
   - "该睡觉了！"
   - "该吃晚饭了！"
   - "该走了！"
   - "该上学了！"
   - "我们去拿玩具吧！"
   - "让我们穿上睡衣吧！"
   - "我们上车吧！"

- "我们来洗车吧！"

3. **告诉孩子该做什么，而不是不该做什么。**"从沙发上跳下来"比"别在沙发上跳"更有效，"脏鞋要留在外面"比"不要把脏鞋带进来"更有效。这是因为负面词汇在我们的大脑中需要更长的时间来消化，有时还会在孩子耳朵里转来转去，不说"不要在沙发上跳"，而是说"从沙发上跳下来"；不说"不要跑"，而是说"请走"；不要说"不要在外面待得太晚"，而是说"晚上11点以前回家"。

4. **寻找双赢的局面，或者提供选择。**非正式的双赢就是把你和孩子放在一个公平的竞争环境中。两个人都不会"输"，两个人都会"赢"。这是权力斗争的理想安排，因为你拒绝压倒孩子，而是寻求一个对你和孩子都有效的解决方案，即使"解决方案"是后退，让大家冷静一段时间，然后再试图进行理性的讨论。如果无法实现双赢，那么你可能需要提供一个具体的、双赢的或有趣的选择。如果孩子拒绝离开游戏组。你可能会说："该走了。在你走之前，你是想跟谁道别，还是直接上车？"

5. **让孩子负责。**让孩子负责某件事通常会消除权力斗争。寻找具有挑战性的行为模式，问问自己："在这种情况下，我怎样才能给孩子更多的权力？"

    对于那些不愿意坐到汽车座位上，也不愿意系上安全带的孩子，你可以说："我需要帮助。我注意到，当我们上车时，不是每个人都系上了安全带。你愿意当安全带领班，确保每个人都系好安全带吗？当大家都准备好了的时候，你可以给我竖起大拇指。"

    对于总是把鞋子放在房间中央的孩子说："我需要帮助。我注意到当我们回到家的时候，鞋子总是到处乱扔，而且很碍事。你愿意当鞋子指挥官吗？你要确保每个人都把鞋子放在楼梯下的篮子里。"

6. **做意想不到的事。**如果陷入权力斗争，问问自己："我现在能做的最意想不到的事情是什么？"例如：

- 用沉默代替言语。
- 用爱的幽默代替贬低。

- 不要震惊，要冷静。

- 倾听，而不是给出建议或说教。

- 与其表现出敌意，不如表现出友好。

- 不要大喊大叫、打屁股，要微笑、拥抱。

- 与其批评，不如提供一个冰激凌。

- 与其告诉你答案，不如表现出同理心。

- 用接受代替判断。

- 与其惩罚，不如理解。

- 用玩耍代替工作。

- 与其忽视，不如投入你的时间和注意力。

- 用鼓励代替气馁。

- 与其控制，不如提供一杯冷饮。

- 用情感洞察代替情感阻滞剂。

7. **使用一个单词发出提醒。** 还记得查尔斯·舒尔茨在他的《花生漫画》中是如何描绘父母的吗？他们实际上从未说过一句明白的话。我们听到的是："哇——哇——哇——哇——哇。"父母耳聋一直持续到今天，我们谈得越多，孩子们就越把我们排除在外。"我得告诉你多少次……"我们不停地说，好像我们别无选择似的。我们是有选择的。

　　只用一个词就可以将我们的努力和孩子的愤怒最小化，从而避免大量的权力斗争。不要用很多词来告诉孩子把背包放在沙发上，或者把鞋子放在楼梯上，或者把湿毛巾放在地板上，而只是简单地说"背包""鞋子"或"毛巾"。

　　每当小女儿凯莉没有把麦片碗放在水槽里时，泰和琳达总是说："凯莉，碗。"几周后，即使没有提醒，凯莉也会把碗放在水槽里，她赢得了"凯莉碗"的绰号。

8. **让孩子做最后的决定——最后的态度。** 指望孩子们在争吵时"采取强硬态度"是不现实的。他们不会道歉，也不会走开，直到他们冷静下来，或者给我们最后一句话。我们必须走大路。为了给你的孩子带来力量，考虑给他最后一句话——"最后的态度"——不管那听起来或看起来如何。

当鲁道夫·德瑞克斯解释这4个错误的目标时，人们经常问他："你怎么能一直把孩子放在这些盒子里？"他会回答："我不会一直把他们放在那里。我一直在那里找到他们。"

——简·尼尔森

找一个有创意的方式说 "不"

孩子们很难理解"不"这个词。"嘿，谁不喜欢呢？"严肃地说，闭上眼睛，让朋友或伴侣站在你面前，用缓慢而从容不迫的声音说："不。不。不。不。不。不。不。不。"然后让那个人说："是的。是的。是的。是的。是的。是的。是的。是的。"你明白这些话是怎么说的了吗？"不"是刺耳和不愉快的，它让我们感到压抑、封闭和气馁。"是的"是温暖和治愈的，它让我们感到开放、有力量和鼓舞。当你似乎有很多权力斗争时——尤其是与年龄相符的权力斗争——考虑寻找创造性的方式在可能的时候说"不"。

- "告诉我更多，告诉我所有的信息。"
- "我不愿_____，和我愿意_____。"
- "我还没准备好让你这么做。"
- "那让我害怕，让我们找到一个安全的方法。"
- "让我先看看你是怎么做的。"
- "你觉得怎么样？这个选择对你合适吗（如果你选择了这个，就要准备好接受这个答案）？"
- "你还有其他选择吗？"（"这是一个想法，你还有其他选择吗？"或者"现在没有这个选择，你还能做什么？"）
- 对未来说"是的"（你的孩子说："我可以吃块饼干吗？"你说："是的！你可以在晚饭后吃一块饼干"）。

改变育儿任务：远离斗争

想想你接下来24小时的日程安排，找出你可能存在的潜在的权力斗争。列出两种可能避免权力斗争的方法，以及两种可能摆脱权力斗争的方法。

第二层次挑战：权力斗争

孩子认为：

- "当我掌控一切时，我才有归属感。"

- "我在乎自己什么时候说了算，自己什么时候赢。"

孩子说：

- "不！"

- "你又不是我的老板！"

- "你不能强迫我！"

- "我不要！"

- "我不会做的！"

孩子希望：

感觉自己有力量，有能力做决定

父母感到：

- 生气/愤怒

- 受到挑战

- 被威胁

- 被激怒

- 被击败

- 似乎自己必须惩罚那个孩子不可

孩子可能会：

- 想自己说了算

- 争论

- 想赢

- 看起来不听话

- 看起来很固执

- 做与被要求的相反的事情

- 拒绝做被要求做的事情

- 变得好斗或被动

- 变得愤怒

- 大喊或打

- 顶嘴

当你的孩子出现以下行为时，说明你做对了：

- 能够为自己的行为承担责任

- 感到被赋权、脚踏实地、自己是中心

- 可以成为一名领导者，但不强求（不咄咄逼人）

- 认为自己宁愿做一个善良的人，也不愿做一个正确的人

- 为自己创造健康的界限

- 对双赢的谈判感兴趣

- 回避他人的行为挑战

- 与他人建立联系

- 与侵犯他界限的人断绝关系

权力斗争工具箱

如果孩子正处于权力斗争中，请使用这个工具箱。例如：当你非常生气、感觉受到挑战或被逼无奈、无计可施，只能惩罚或强迫孩子服从时；当孩子拒绝合作时，"不！我不想！你不能逼我！你又不是我的老板"；或固执己见时，

"我也要这样做！你瞧好了"。

- 暂停—呼吸—询问法。
- 退出权力斗争。
- 问自己："此刻我怎样才能给孩子更真实的力量？为了停止这种斗争，我愿意放弃什么？"
- 遵循避免权力斗争的8个技巧。
- 找一个有创意的方式说"不"。
- 从同理心工具箱那里借用一些技巧，具体说来，就是和孩子处于同一水平上，成为倾听者，认同孩子的情感，问一些赋权的问题。
- 从需求工具箱处借鉴技巧。具体而言，用宝石时刻，安排一对一约会，提供具体的、双赢的、有趣的选择，提供信息而不是发号施令，让孩子承担适合其年龄的责任。

请在这里添加你的笔记：

_____

_____

第三层次：报复心

当孩子感到无力或受到伤害时，就试图把他感到的同等程度的痛苦施加在父母身上。

你喜欢疾言厉色地叫停权力斗争，或者可能会通过贿赂来摆脱冲突，或者干脆走开。无论是哪种情况，如果孩子反复尝试，仍然未能感觉到自己强大、有能力，他很可能在短时期或一段时间内都认为自己在生活中没有权力，他唯一的价值在于以自己受到伤害的方式来伤害他人。在这种情绪状态下，孩子会为他认为你强加给他的情感痛苦寻求报复。

报复可能表现为：

"你真卑鄙！你是个坏妈妈！我恨你！"

控制欲强和过于纵容的父母都可能创造或促成报复循环。控制型父母通过惩罚或体罚、忽视孩子、收回爱或不尊重孩子的情感需求来煽动报复。纵容型的父母因为很容易屈服，且不能恰当地设置界限，导致孩子觉得父母不关心他们而煽动报复。孩子们失去了自尊，因为他们知道自己在利用别人，由于父母没有设定必要的界限和限制，孩子失去了对父母的尊重。纵容型父母的孩子可能会认为是这个世界欠他们的，在世界不如他们意的时候，感受不到自己被爱。

进入报复周期风险最大的是那些感到过分赋权或脱离父母的孩子，那些患有慢性疾病或面临学习挑战的孩子，那些被父母抛弃或忽视的孩子，以及那些被挑剔或被欺凌的孩子。

报复心重的孩子可能看起来凶恶、傲慢、粗鲁或充满敌意。他可能会伤害你的感情，让你难堪，或者攻击你的痛处——就像所有的孩子都知道的那样，他知道你的弱点。

在报复周期中，孩子们可能会作弊或偷窃。他们可能会让别人不喜欢自己，或者假装没有感觉。即使受到惩罚，他们也经常说"我不在乎"之类的话。他们可能会损坏财物。他们可能会欺负同伴或伤害自己。他们可能会报复兄弟姐妹或宠物。如果处于青少年时期，他们可能开始忽视你的限制，反抗你的价值观，或表现出令人震惊的行为。

这种状态的孩子感到自己被误解了，他们会因为生活中的不公平和错误而责怪别人。

报复行为让父母感到：

伤害、震惊、拒绝、不被爱、不被欣赏、愤怒

以控制型和纵容型的方式来应对孩子报复

竭力要报复的孩子需要鼓励，但讽刺的是，这是他最不可能得到的。相反，纵容型和控制型父母的反应通常是：

- 惩罚。（控制型）
- 利用其内疚心理。（控制型和纵容型）
- 威胁孩子。（控制型）
- 寻求报复。（控制型）
- 贴标签。（控制型）
- 允许界限被打破。（纵容型）
- 扮演殉道者/自怜。（控制型和纵容型）

尽管可以理解，这些应对方式毫无疑问并不奏效。孩子真正需要的是有人体察其情感，并满足其情感需求，而父母做的则恰恰相反。

大体而言，如果在"第三层次表现报复"中孩子的情感需求仍未得到满足，他就会加倍报复，并进入第四层次：表现出无力感。

以心为本的方式来应对孩子报复

孩子并非有意要伤害你，孩子只是"顺应其扭曲的本能"。在这种情况下，最重要的是要让自己参与其中，而不是疏远他们。

唐·C. 丁克迈耶是一位教育家和教育顾问，他鼓励父母表现出不妥协的公平，在孩子帮忙时说"谢谢"，在孩子有贡献表示关注与欣赏。他说"报复的反面是公平"。他警告说，在任何情况下，父母都不应该屈服于伤害孩子的诱惑。

如果你与孩子就是这种情况，暂停一下，承担你在挑战中的角色。尽管你可能完全不理解你们如何共同导致了这个问题。你要学着承认自己的问题，承诺停止伤害性的行为，如羞辱、惩罚、忽视或阻碍孩子的感受。注意你的心理投射，正视受伤的情感："我知道你感到自己受伤了，我们能谈谈吗？"或者"我做了什么伤害了你？"在这方面，我们能提供的最重要的建议之一就是，利用一对一约会重新建立关系。

当孩子们不再合作时，要么是因为他们合作的时间太长了，要么是因为他们的诚信受到了损害，从来不会是因为他们不合作。

——杰斯珀·尤尔

改变育儿任务：以善意迎接报复

如果孩子表现出了报复行为，列出你与他共同创造挑战的方式。你会做什么来阻止报复循环？你会怎么做来修复你们的关系？

_____

_____

第三层次挑战建议：表现报复

孩子认为：

- "当我能像你伤害我一样伤害你时，我就有了归属感。"
- "没有人喜欢或接受我，为什么还要帮别人，爱别人呢？"

孩子说：

- "我恨你！"
- "我再也不喜欢你了！"
- "你是世界上最糟糕的妈妈！"
- "我希望你不是我爸爸！"

孩子希望：

被爱、被尊重、被重视

父母感到：

- 受伤
- 震惊
- 被拒绝
- 不被爱

- 不被赏识

- 愤怒

当你的孩子出现以下行为时，说明你做对了：

- 有回应而不是有反应

- 不往心里去

- 对双赢的谈判感兴趣

- 不咄咄逼人

- 感觉能够保护自己，因此没有理由伤害他人

- 以德报德

- 尊重自己和他人

- 表现出成熟和创造力

- 避免他人的挑战

- 与他人建立联系

- 断绝与那些侵犯其界限的人的关系

报复工具箱

当孩子因为你认为他们做错了什么而报复你时，你可以使用这个工具箱。例如，孩子成绩不好只是为了伤害你，故意打破家庭和学校的限制，故意损坏财产，让别人不喜欢他，或者攻击你的弱点和脆弱点。报复工具箱完全由其他工具箱中的工具组成。

- 暂停—呼吸—询问法。

- 承认自己的错误。

- 原谅孩子，原谅自己。

- 从同理心工具箱借鉴技巧。具体而言，和孩子处于同一水平上，倾听孩子，承认其情感，并问一些赋权的问题。

- 从需求工具箱处借鉴技巧。具体而言，用宝石时刻，计划一对一约会，抽出时间来照顾自己，注意自尊的"两条腿"。

请在这里添加你的笔记：

_____

_____

第四层次：表现出无力感

当孩子极度沮丧无助，却仍然无法满足自己的需求时，他们就充分表现自己的无力感，认为自己没能力处理好情况。

在这种情绪状态下，孩子感到无助，或者更糟，逐渐变得绝望，然后利用自己的无助——比如夸大自己的劣势——来避免可能失败的任务。

表现出无力感的孩子会说：

我做不到，太难了，我不想尝试。

一生中所有的孩子（和大人）都会时不时地陷入这种状态，但我们显然不希望自己的孩子长期处于这种状态。感到无力的孩子会认为自己与他人相比很无能。他们可能很容易放弃，逃避你对他们的期望，或者因为害怕做不好而拒绝尝试新事物。

孩子表现出无力感会让父母感到：

怜悯·无助·同情·对孩子缺乏信心·喜欢放弃

以控制型和纵容型的方式来应对孩子的无力感

当面对孩子表现出无力感时，控制型和纵容型的父母常常无意识地强化孩子的内在感觉，即他比别人更无能或更没有价值。尽管这很困难，但父母必须抵制以下反应的冲动：

- 说话时娇惯孩子。（纵容型）
- 哄骗。（控制型和纵容型）
- 取悦。（纵容型）
- 解救。（控制型和纵容型）

- 频繁提醒孩子。（控制型和纵容型）

- 为孩子做（或要求兄弟姐妹为孩子做）他自己能做的事。（控制型和纵容型）

- 强迫孩子采取行动。（控制型）

- 放弃。（纵容型）

以心为本的方式来应对孩子的无力感

孩子表现出无力感说明他需要提升自尊了，因此，要记得关注自尊的两条腿。你能做些什么来让孩子感受到无条件的爱，同时让他知道自己有能力处理自己的情况？除了每天满足他的7种特殊需求外，这里还有5种方法可以抵消他的无力感。

1. **不要去怜悯或哄骗孩子，而是要洞察孩子的情感并给予认同**

同情："哦，亲爱的。你已经做了两个星期科学项目了，可还是有麻烦。可怜的东西。"

劝诱："来吧，你能做到的。好吗？只是试一试。"

洞察孩子的情感："看起来你对所有涉及的步骤都感到烦恼。这似乎压倒了你。你感到沮丧这很正常！"

2. **建议小步骤**

例如，你可以说："我在想你能做哪一部分。"或者"你还能做什么？"然后留出足够的时间来完成任务。

3. **不要营救孩子，要表现出信心**

解救："来，让我帮你完成你的科学项目。"

表现信心："我相信你。我知道你会按时完成科学项目的。"

4. **保持密切联系，让自然后果自然发生**

无论你在同一个房间，还是仅仅是在附近，与孩子待在一起会让孩子知道他仍然得到了情感上的支持。再次强调，即使这意味着他没能完成科学项目，周五早上两手空空走出家门，也要抑制住介入的冲动。

5. **作出榜样**

通过作出积极对话和"我能行"的态度榜样，你可以向孩子展示信心和能力来自外部。

改变育儿任务：转变观念

找出你认为孩子做不到的事情，然后转变想法。

1. 我相信我的孩子不能_____。

现在转为：我相信我的孩子能_____。

2. 我相信我的孩子不能_____。

现在转为：我相信我的孩子能_____。

3. 我相信我的孩子不能_____。

现在转为：我相信我的孩子能_____。

第四层次挑战：表现出无力感

孩子认为：

- "只有其他人帮我做的时候我才有归属感。"
- "我很无助。"

孩子说：

- "我不行。"
- "别管我。"
- "我不想尝试。"
- "太难了。"
- "我放弃了。"

孩子希望：

感到自己有能力，并让父母对自己有信心

父母感到：

- 可怜

- 无助

- 同情（我可怜的孩子）

- 溺爱

- 对孩子缺乏信心

- 想要放弃

当你的孩子出现以下行为时，说明你做对了：

- 使用自我平静技巧

- 使用积极的自我对话

- 找到内心的平静

- 自我评估

- 是一个创造性的问题解决者

- 不放弃

- 感觉足够和有能力

- 对自己有信心，有一种"我能行"的态度

- 感到有勇气，自己很强壮

无力感工具箱

当孩子表现出无力感时，你可以使用这个工具箱。例如：当你感到怜悯、无助、同情、缺乏信心或想要放弃的时候；又如：孩子躺在地板上，告诉你他无法把衣服放好，因为害怕失败而拒绝尝试新事物，在执行任务时很容易放弃，消极地谈论自己，或者不相信自己有能力。

你可以采取以下措施：

- 暂停—呼吸—询问法。

- 建议循序渐进，让孩子有充裕的时间来完成任务。

- 和孩子保持亲密关系，让自然后果自然发展。

- 说鼓励的话。

- 接受自己的错误并告诉孩子。

- 秉持"我能行"的态度，开展积极的自我对话，为孩子作好榜样。

- 从同理心工具箱借鉴技巧，和孩子处于同一水平上，倾听孩子，承认其情感，并问一些赋权的问题。

- 从需求工具箱处借鉴技巧。用宝石时刻，安排一对一约会，让孩子承担适合其年龄的责任，用鼓励代替夸奖。

请在这里添加你的笔记：

_____

_____

再说一次，所有的行为——即使是最坏的、最令人生气的行为——都只是孩子试图用他所知道的最好的方式来传达未被满足的需求。

所以，当你发现你自己认为孩子"很坏""做出了糟糕的选择""挑战你的极限"或"看到他们可以侥幸逃脱"时，要看得更深。看看自己的反应——特别是自己的感觉——看看你是否能在一分钟内确定孩子正经历的沮丧程度。

这种做法很好，它可能会改变你的生活。

第十三章

改变你的育儿方式

育儿之道大都在于回应。为人父母，就是要回答孩子的疑问，解决其问题，顾及其感受，并对其大多数他们的重要需求做出回应。为人父母就是，即使我们知道孩子会对我们的回应做出反应，然而还需要我们回应，如此反复再三。贸然去解决问题往往会迅速把我们带入"兔子洞"。

最懒的方法就是跟着感觉走，作出时下正确的反应，并期待最好的结果。而且，嘿，有时候我们很走运！孩子很满意，我们都继续前进。但是，还会有那些该死的"兔子洞"。我们走得越深，距离我们想要成为的"自我"就越远，而我们的部分大脑只想让孩子说出我们渴望的话："好的，爸爸！""你说得对，妈妈！""好主意，我最爱的、最忠诚的、最了不起的爸爸妈妈！谢谢！"

具体来说，我们对"好"的渴望常常让我们失去耐心，助长我们的脾气，引导我们做出腐蚀亲子之间无形纽带的决定。我们距离孩子越来越远，而不是越来越近，我们坚持对孩子的控制权，而不是激励孩子为自己负责。我们忘记了以希望别人对待我们的方式来对待孩子。

好消息是，无论孩子是2岁、6岁、12岁还是17岁，当我们了解到他们是怎么一回事，而且愿意尊重其成长过程时，都能波澜不惊地从容化解绝大多数与他们有关的挑战与问题。

找到一个适应你的蓝图

改变育儿方案流程并非要强迫你进入某种既定的育儿模式，其目的是让你从育儿迷思中解脱出来——这种迷思给数代照顾孩子的人带来沉重的负担——为你提供一个通用模式，在以心为本的育儿模式中处理任何问题。这一流程是为了：

- 加深你和孩子的关系

- 保护孩子的自尊

- 防止更严重的问题突然出现

- 让孩子准备好迎接未来生活的挑战

要建立一个能够经得起岁月风波的家庭，也需要对孩子有一些基本了解。这10个真相是最基本的常识，理解孩子的意思，并尊重它们，你就能够很好地塑造一个强大、多才多艺、韧性十足且内外兼修的孩子。总结一下，以下是关于儿童的10个真相：

1. 所有孩子都有情感需求。

2. 面对压力，所有孩子天生就有神经性反应。

3. 所有孩子都必须表达情感。

4. 所有孩子都会经历成长阶段。

5. 所有孩子都有与生俱来的天性气质。

6. 所有孩子都模仿他们的主要照顾者。

7. 所有孩子都需要机会来自己解决问题。

8. 所有孩子都需要尊重个人界限的照顾者。

9. 所有孩子都需要有与年龄相适应的限制。

10. 当需求未被满足时，所有孩子都要经历4重挫折。

假设8岁的孩子在杂货店的收银台前小闹了一场。是关系问题还是系统问题？是父母的挑战还是孩子的挑战？这是一个界限问题还是限制问题？他的感觉是否与成长阶段有关？还是孩子只是想吃点零食？

更重要的是，一旦你搞清楚了，你到底该怎么做？在不使用贿赂、威胁或惩罚手段的情况下，你如何解决这个令人尴尬的小插曲？在那种情况下，你怎么保持头脑清醒？你如何以以心为本的方式渡过难关？

希望你刚刚读过这本书，就知道如何回答这些问题了。但如果你和我们一样，很快淡忘在这里学到的东西，3个月后你会发现自己面临着全新的挑战，你的孩子会拒绝合作，或者不喜欢某个新老师，或者每次有机会就会躲到房间，你不知道该怎么做。

我们因此设计了改变育儿方案流程，这是一个由14个问题组成的系列，这些问题的答案决定了你需要使用哪些工具箱来解决每个特定的问题。这在理论上可能很复杂，但我们向你保证，在实践中并非如此。工作原理如下：

当你面对孩子带来的挑战，或与孩子发生冲突时，你开始问自己这些问题，比如："我在域内吗？""孩子在域内吗？""这与禀性或成长阶段有关系吗？""它是否涉及限制、界限或需求？""孩子的7种特殊情感需求得到满足了吗？"

首先，你会慢慢地回答每一个问题，深思熟虑地挑选适合你的工具。你可以尝试一些不同的工具，或者尝试一些对家庭和孩子最有效的方法。但很快，这一过程将会加快。你将绕过不相关的问题，直接进入自己清楚需要的工具箱。

其次，这里是最好的部分，你将把问题和相应的工具牢记于心。改变育儿方案流程将成为你自然思维过程的一部分。你将不再疯狂地寻找"正确的"工具，因为这些工具已经与你融为一体，它们将成为你生活的一部分。

不过，在此之前，我们强烈建议你完成整个过程，一次回答一个问题，使用一个工具箱，直到完成为止。毕竟，许多挑战都有不止一个"原因"，如果你在试图解决问题之前收集了所有需要的工具，而不是匆忙行事，最终以循序渐进的方式回应孩子的行为，那么这是最有效的。

当出现冲突或挑战时，改变育儿方案流程就开始了。

帮你高效改变育儿方式的14个问题

问题1：你在域外吗？

如果你在情绪上被触发了——也就是说，你会感到被迫愤怒地做出反应，而非深思熟虑地或感同身受地做出响应，你的首要任务就是先停下来，回到域内，使用自我调节工具箱。

问题2：孩子是否在域外？

如果孩子情绪激动，也就是说，他在尖叫、大叫，表现出攻击性或不理智的行为，直到孩子回到域内，你才能解决问题，要使用儿童管理工具箱。

问题3：孩子是否表现出强烈的情绪？

如果你家孩子看起来特别情绪化，但是还在域内，你的任务是让他感到有人倾听他的想法，有人理解他，这有助于孩子保持在域内。使用同理心工具箱，然后在这个过程中随时做好准备，强烈的情绪随时都可能出现。

问题4：你是否排除了身体不适的可能性？

如果你认为孩子的行为是身体不舒服的结果——饥饿、疲劳、过度刺激或小病——尽快满足其需求。

问题5：这种挑战可能与生活中的变化、紊乱、残疾或创伤有关吗？

如果你认为这种行为涉及一种急性或慢性的童年逆境——有了新生儿、家人死亡、离婚、虐待等任何其他压力源，那么要考虑借助专业帮助。但是请记住，即使需要外界的帮助，这10个真相仍然适用于孩子，尊重这些规律，会减少你的育儿挑战。

问题6：这个挑战与孩子的成长阶段或禀性有关吗？

这个问题不好回答，因为答案只有一个：有关。孩子独特的成长阶段和喜怒无常的特点往往是孩子挑战的罪魁祸首，使用成长阶段与气质工具箱。

问题7：你是否在挑战中扮演了角色？

答案是肯定的。我们总是扮演一个角色。要帮助你发现并处理你所扮演的角色，请使用自我反省工具箱。

问题8：孩子的选择或行为是否有自然后果？

如果有自然后果，你必须问你自己："这个结果不健康、不安全，或者因果关系太长，还是违反了某人的界限或限制？"如果答案是否定的，那么这就是一个孩子的挑战。让自然后果发挥出来，并使用孩子挑战工具箱。

问题9：这是否涉及兄弟姐妹之间的冲突？

如果兄弟姐妹在打架，你首先需要确定这是第一回合还是第二回合。第一回合斗争不需要干预，第二回合斗争再干预。使用兄弟姐妹狂欢工具箱来处理和防止冲突。

问题10：孩子的7个SPECIAL需求得到满足了吗？

列出情感需求清单：笑、强大、探索、联系、重要、关注和爱。如果你相信孩子会察觉到她在这些关键领域中至少有一个是缺乏的，那么你就遇到了关系问题。依靠"需求工具箱"，问自己下面4个问题，以确定孩子目前的沮丧程度。

问题10（a）：孩子是否需要你的关注？

如果你觉得很愤怒、烦躁、疲劳、沮丧、被打扰或被唠叨，答案可能是肯定的。使用要求关注工具箱。

问题10（b）：你在和孩子进行权力斗争吗？

如果你感到愤怒、挑战、威胁、挑衅、失败，或者你必须惩罚孩子，答案可能是肯定的，使用权力斗争工具箱。

问题10（c）：孩子在寻求报复吗？

如果你感到受伤、震惊、被拒绝、不被爱、不被欣赏或愤怒，答案可能是肯定的，使用报复工具箱。

问题10（d）：孩子表现出能力不足吗？

如果你对他感到怜悯、无助、同情，对孩子缺乏信心，或者想要放弃，答案可能是肯定的。使用无力感工具箱。

问题11：挑战是否包括你或孩子设定的合理界限？

如果孩子的行为违反或威胁要违反你的个人界限，使用"界限设置"部分的界限工具箱。如果孩子拒绝了你的要求，正好有机会让孩子练习界限设置，使用界限工具箱的"尊重界限"部分。

问题12：挑战是否包括你设定的限制？

如果孩子挑战或违反了你设定的限制或你达成的协议，或者你不断地向孩子提出同样的要求，你可能存在系统问题。使用限制工具箱，但是要记住，关系问题必须在系统问题之前解决。

问题13：你找到有助于处理挑战的工具了吗？

如果没有找到，你将需要再次回顾这个过程以确保自己没错过任何内容。使用需求工具箱来将未来的挑战最小化。

问题14：你是否展示了双赢的合作，加强了与孩子的关系，以你希望别人对待你的方式对待孩子？

就以心为本的教育而言，这3个真理是黄金真理。如果你做到了这些，恭喜你！你已经成功地完成了改变育儿方案流程。如果没有，不要烦恼！只要尽快和孩子取得联系，另一个磨炼技能的机会就在眼前。在这两种情况下，使用需求工具箱来最小化未来的挑战。

轻松应对12个常见的家庭挑战

挑战或冲突可能由任何事引起，甚至凭空产生。有些问题相对简单，只需几个步骤就可以解决；有些问题则需要更深入地思考，更长时间，还需要做更多的工作来解决。

在此，我们根据育儿调查中受访者报告的12个最常见的家庭挑战，提供一些假设情景。

记住，这些例子都是基于特定的叙述。根据孩子独特的情况和观点，我们希望你得出不同的结论并选择不同的工具。

场景#1：使用电子设备（4岁）

过去两个月里，你4岁的孩子一直很喜欢玩新的iPad，他似乎已经上了瘾。当你要把平板电脑收起来时，他的表现判若两人，宛如外星生物。你还注意到他比以往更加易怒，脾气更加暴躁。他也不怎么玩玩具，还在和妹妹玩耍时打她。

首先，你检查了孩子的成长阶段，发现儿子还太小，不能玩iPad。你承担起责任，承认自己犯了一个错误，用iPad让他整天保持忙碌（自我反省工具箱）。你和爱人讨论这个情况，并决定为了儿子的最大利益，认为iPad需要"走开"或"消失"。当他第二天向你要iPad时，你告诉他iPad已经不在了。在接下来的几天里，他又哭又叫。你提供了情感洞察（同理心工具箱），但同时还保持着限制（限制工具箱）。有时你儿子会发脾气，你记住了发脾气的3个阶段，使用"停止、放下、零对话"来帮他度过艰难的时刻（儿童管理工具箱）。

一周后，你的儿子在玩玩具或和妹妹玩时，很开心，很平静。

场景#2：使用电子设备（15岁）

你15岁的女儿即使在吃饭和做作业时，也在一直玩手机上的社交媒体应用，之前你骂过她，罚过她，还拿走过她的手机，但这些都造成了情感上的摩擦。你担心过度使用手机，以及自己和孩子之间的情感疏离，会让她与家人失去联系，你决定这次以不同的方式来处理这件事。

首先，你认为这是关系问题（不是系统问题）。你带女儿进行一对一约会——去保龄球馆和她最喜欢的汉堡店（需求工具箱）。约会时，她会向你敞开心扉，告诉你她在学校喜欢的一个男孩如何对她不感兴趣。你有很多想要传递的建议，但是你意识到这是孩子们自己的挑战，于是决定提供情感洞察（同理心工具箱），她会告诉你其他困扰她的事情。

几天后，当你感觉和孩子取得了联系时，告诉她你很关心她使用手机的情况，并安排时间在正式的圆桌会议上讨论这个问题。在圆桌会议上，承担起责任，承认自己在这一领域树立了一个糟糕的榜样，而且最近在工作中也一直分神。你"检查"了自己（自我反省工具箱），承认自己看了太多电视。然后和她分享你对她使用社交媒体的担忧，你认为如果她继续不做任何改变的话，你会对她的未来感到担忧。一开始，她会为自己辩护。你倾听她的观点，给她情感洞察。然后她会敞开心扉告诉你，她希望你能帮她控制自己的问题（同理心工具箱）。你开始集思广益，想一些解决问题的方法，并把自己的想法精简成一些可行的解决方案。你同意，如果这些解决方案不起作用，双方都可以要求重新协商新的协议（限制工具箱）。与此同时，你继续安排一对一约会，为她提供宝石时刻，让她的情感银行账户保持充盈（需求工具箱）。

你女儿立即有了明显的进步，她放下手机，更频繁地与你交谈，在你家里，她似乎更多的时候都是"在场"的。

场景#3：做早晨准备（6岁）

6岁的孩子在每天上学前这段时间都是磨磨蹭蹭的，他知道你的限制之一就是早上要准时，而你已经尝试过用贿赂、惩罚和威胁来实现这个限制。沮丧之下，你还叫他"慢性子"。你看得出，这些反应只会让事情变得更糟，同时也会损害你们的关系和他的自尊。他上学还是迟到，你上班还是迟到，你决定换个策略。

你检查了孩子的成长阶段，意识到6岁孩子在穿衣服方面的坚持和斗争都是很常见的。你还记得，孩子本身性格就非常执拗，较难说服。你调整自己的期望，不再给孩子贴标签，并为他加油鼓劲。你不再抱怨，而开始说"你很有决心！""你很喜欢保持专注。"这样的话（成长阶段与气质工具箱）。你问了自己6个自我反省的问题，意识到自己对孩子要求太多，并把自己对迟到的焦虑投射到孩子身上（自我反省工具箱）。

不过，你需要列一个计划。一天放学后，你和儿子坐下来参加正式的圆桌会议，讨论所有他需要做的事情，以便他能准时准备好。列好事情清单后，他按照自己的希望把这些事情排序（限制工具箱）。你记下了他的7个特殊需求，决定为任务增加一些乐趣。你去商店买了彩色的标签板、记号笔和贴纸，这样孩子就可以在标签板上用文字和图片记录他早晨的活动，并把它挂在浴室的镜子上。然后你问了他一个赋权的问题："我们怎样才能让开车上学变得更有趣？"经过一番头脑风暴，你们俩决定早上在上学路上唱一些自编的歌曲（需求工具箱）。

结果，第二天早晨更加平和。事实上，除了有几次踩着铃声，孩子在接下来一周每天都会准时到学校。

场景#4：兄弟姐妹纷争（7岁和9岁）

你的两个孩子，一个7岁，一个9岁，他们想要市面上最新款、最流行、最时髦的滑板车。每个孩子都想要自己的滑板车，不想共用。为省事儿起见，最简单的方法就是给每个孩子买一辆滑板车，但是一辆滑板车的价格就要100美元，超出了你的预算。

首先，你确定了自己的界限：花费不超过100美元。你根据情况，认为这一界限是合理的（界限工具箱）。然后，你把信息告诉了孩子，他们会马上联合起来，告诉你附近没有人共用滑板车。你听到他们这个说法很激动，于是停下来，深呼吸，然后问自己："孩子们此时此刻需要什么？"（自我调节工具箱）你做了几次深呼吸，给自己倒了一杯咖啡，准备好给他们情感洞察。你说："我听得出你们对我有多生气。我能想象，当朋友们看到你们共用一辆滑板车时，你们会感到尴尬。"（同理心工具箱）他们继续告诉你更多的理由，为什么这个决定很糟糕，并最终说："这不公平！"这又一次触发了你，但你很快就发现了自己的投射：在你成长的过程中，你的父亲从不公平对待你，总是偏爱你的哥哥（自我反省工具箱）。你继续深呼吸，记得不要针对个人（成长阶段与气质工具箱）。你与他们处于同一水平上，继续倾听他们的感受（同理心工具箱）。你甚至邀请孩子和你一起去街上散步，作为一种感官体验去公园玩一会儿（自我调节工具箱和儿童管理工具箱）。

当你回到家，每个人都感觉更好，你告诉孩子，你愿意在头脑风暴中支持他们的选择（界限工具箱）。作为一个团队，你的孩子想出了很多点子。他们甚至考虑用自己的钱额外买一辆滑板车。经过一番考虑，然而，他们决定省钱，共用一辆滑板车。

晚饭前，你和孩子们开车去商店拿滑板车。在回家的路上，他们开始为滑板车争吵。你知道这是第一回合斗争，自己不参与其中。你什么也不说，想着晚餐该做什么（兄弟姐妹狂欢工具箱）。然而，当你回到家时，斗争开始升级，两个孩子都在激烈地争论谁早上第一个骑滑板。按照第二回合调解的规则，你轻轻地走到他们两人面前，摩挲他们的后背，听他们继续说。当他们开始平静下来时，你问每个孩子："你们感觉如何？"听到孩子们的感受后，你问每个孩子："你们想要什么？"他们决定共同创造一个双赢局面（兄弟姐妹狂欢工具箱）。他们在一张纸上写下协议，挂在冰箱上，同意如果对滑板车不满意或有任何其他分歧，他们会回来，并在正式的圆桌会议上解决问题。

场景#5：睡觉时间（4岁）

在为人父母的日子里，睡觉时间是压力最大、最令人恐惧的。4岁的孩子每天晚上都不愿意睡觉，他终于准备上床了，却拒绝睡觉。每个晚上都会以长达一小时的冲突结束，充斥着叫喊、眼泪和敌意。你太累了，需要制订新的计划。

你怀疑自己处理的可能是关系问题。你白天长时间工作，晚上儿子和你相处的时间还会被他的小妹所打断，儿子的7个特殊需求可能没有得到满足（自我反省工具箱）。体验了睡前自己的烦恼、愤怒后，你确定孩子正在经历挫折的第一层次，要求关注；有时甚至会感到孩子的行为具有挑战性，也就是挫折的第二层次，权力斗争；有时你又会感到震惊和受伤，与挫折的第三层次——表现报复相一致。你决定从头开始——尽你所能去满足那些潜在的需求，尤其是儿子对注意力和权力的需求。接下来那周，你和爱人带儿子进行一对一约会，去吃冰激凌，去鸭子池塘（需求工具箱）。然后，你们整个周末都很平静愉快，这时你们会坐下来参加正式的圆桌会议（或者，更确切地说，是一个小型圆桌会议，因为他只有4岁，注意力持续时间很短）。你帮他把日常生活的每一步都列出来，然后他选择将其放在床边。你继续坚持要孩子晚上8：30上床，同意让儿子在床上放一个小阅读灯，旁边堆着书，他可以一直看着，直到睡着。同样，你也同意他可以在晚上熄灯时听有声读物，因为他需要休息；你也同意如果他从房间出来，你只要陪他走回床上（限制工具箱）。

接下来几个晚上进展得相对比较顺利，直到你儿子开始忘记准时睡觉。他从床上爬起来，跑到客厅里。你很生气，暂停，深呼吸，然后问道："此刻我儿子需要什么？"（自我调节工具箱）想起了协议，你无声地关注孩子，避免眼神接触，什么也不说，冷静地走到他跟前，把他带回到床上，把他塞进被窝里（要求关注工具箱）。因为他才4岁，你要确保自己前后一致，他又多次走出房间，来测试你的限制。每次无论他说什么，或者做什么，你都同样冷静而沉默地招呼他。接下来几天，你会努力确保他的情感银行账户盈余（需求工具箱），晚上你确保他遵循睡觉时间。

情况逐步好转，很快你克服了困难，（大多数）晚上时间就可以做自己的事情了。

场景#6：固执（3岁）

3岁的孩子想带她最喜欢的书去洗澡，但那是本纸质书，会被水毁掉。

你说了一些情感洞察的话（同理心工具箱），但她继续激烈地要这本书，你的第一反应是，担心自己养的孩子太固执，想要什么就得给什么。但你要记住，固执是3岁孩子的典型特征，而你女儿在情感上比他人更紧张。所以你要限制她，告诉她该做什么，而不是不该做什么，"纸质书应该放在浴缸外面"，然后你说："你可以把所有的塑料书都放进浴缸里，我可以在浴缸外读你的纸质书。"她对此耿耿于怀，但你说了情感认同的话，"我希望我们也可以把纸放在水里。啊！太令人失望了，是吧？"（同理心工具箱）

很快，她又开始了新生活，快乐地玩耍了。

场景#7：权力斗争（10岁）

你带孩子去看比赛。把椅子放在草地上，你宣布该涂防晒霜了。"不！"10岁的孩子喊道。

你自己要看比赛，因此很不耐烦，想抓住她，自己来给她涂，但是你想起要暂停下来，深呼吸，然后问："我的孩子此刻需要什么？"（自我调节工具箱）你记得女儿天生对某些气味很敏感，不能忍受防晒霜的味道（成长阶段与气质工具箱）。你坦然应对孩子的"不"，知道未经同意就碰她打破了她的界限。你想成为响应者，而不是反应者，所以你深呼吸，喝点水，丰富自己的感官体验，同时考虑下一步行动（自我调节工具箱）。

当你准备好了，你会给予她情感上的认同，说："你讨厌防晒霜的味道和触感，对我让你涂防晒霜感到很生气。"（同理心工具箱）女儿继续告诉你她不喜欢防晒霜的诸多原因，她拒绝使用防晒霜，就这样。当你意识到自己的感觉受到挑战意味着女儿处于沮丧的第二层次——权力斗争，你问自己："此刻我怎样才能给孩子更真实的权力？我愿意放弃什么来停止权力斗争？"（权力斗争工具箱）你首先提供一个具体的选择。"你可以选择，"你说，"涂上难闻的防晒霜，坐在阳光下，或者坐在那棵大树下的阴凉处。"（需求工具箱）女儿决定涂防晒霜。那天晚上晚些时候，你告诉她涂防晒霜是一种限制，并提出了一个非正式的双赢建议："你愿意在市场上挑一款你喜欢的无味防晒霜吗？"这对她来说是一场胜利，晚饭后你可以去市场逛逛（限制工具箱）。

一开始一场激烈的挑战，最后却变成了对你们双方都有利的经历。

场景#8：家务（13岁）

13岁的孩子在你让他做家务的时候对你大吼大叫，现在想想，他最近对你大吼大叫了很多次。

这天非常漫长，孩子的恶劣态度让你出奇愤怒了，你进入了生存大脑模式。你借机花一分钟时间来冷静一下（自我调节工具箱）。平静下来，你检查了13岁孩子成长中的典型行为，发现消极情绪很普遍。对他这一正常状态，你不再羞辱他，而是温和地再次提及家务，表示情感认同："看来你对于自己要做家务，感到很沮丧。"然后，当他愤怒地指责你是个唠叨且讨厌的妈妈时，你耐心地听着，任由他发泄，然后继续表示情感认同："我听说你很生气，我敢说你被我的唠叨惹恼了。"（同理心工具箱）

孩子随后给了你一些联系的信息——点头、眼神交流、更深入地分享——你发现他更平静了。接下来，你承担责任，承认家庭家务制度已经失效，后悔过去把家务和零用钱当作惩罚和奖励（自我反省工具箱）。你也承认没有好好照顾自己，并发誓要腾出更多的时间来照顾自己（需求工具箱）。你决定在下次家庭会议之后举行一次正式的圆桌会议，并决定使用一个新的系统（限制工具箱）。

与此同时，因为被你儿子愤怒的宣泄所震惊和伤害，你得出结论，他正在经历第三层次的挫折：表现报复。在接下来的几天里，你要避免惩罚和情感障碍，原谅自己过去的错误（报复工具箱）。你还可以创造尽可能多的宝石时刻，并安排一对一约会，看他最喜欢的球队打棒球（需求工具箱）。

你继续处理你们的关系，直到他不再报复，并配合家人们达成一致的家务系统。

场景#9：用餐时间（5岁）

你喜欢做饭，花了很多时间为一家人做了顿营养均衡的菜肴。5岁的孩子拒绝吃晚餐，大喊："我不喜欢这个，味道很难吃！"

你很想告诉她你为这顿饭付出了多大的努力，她应该更感激你，但当你意识到一开始这个念头是一种情感阻滞剂（诉诸内疚），第二个想法是一种投射（自我反省工具箱）时，你忍住了。你知道5岁的孩子可能对吃的东西很挑剔，所以你就不针对个人（成长阶段与气质工具箱）。

你以此对孩子表示情感认同："我听得出你对晚餐是多么失望，我猜你希望我还做热狗。"女儿告诉你她希望每天晚上都吃热狗，你继续认同她的感受，直到你们两个人感觉好一些（同理心工具箱）。

你认识到，让她吃她不喜欢的晚餐是不尊重她的界限，而再去做一顿饭则是不尊重你自己的界限，于是你问了一个可以为她赋权的问题："我不帮忙的话，你会给自己做什么吃？"她说自己可以烤面包，从冰箱里拿葡萄和奶酪。"这听起来像是双赢。"你说，然后她自己做饭去了。之后，你们一起讨论，当她不喜欢你提供的食物时，她能做什么。

场景#10：家庭作业（11岁）

你11岁的孩子带回家的作业比平时多。在数学上花了一个多小时后，他勃然大怒，把铅笔扔在地上，大声抱怨他多么讨厌学校，讨厌数学，讨厌老师。

这对孩子而言很反常，你无法立刻识别出这是关系问题还是系统问题。但是你仍然被触发了，停下来，深呼吸，然后问："我的孩子此时此刻需要什么？"（自我调节工具箱）你很快意识到他已经有一段时间没吃东西了，这是个大问题，因为儿子体质容易引发低血糖（成长阶段与气质工具箱）。你决定根据他的体能状况，对其表示认同："已经在这道数学题上花了一个小时了！你沮丧也很正常。"（同理心工具箱）由于你此前从未对儿子的情感表示认同，儿子似乎在你的问题面前解除了武装。你意识到，由于做了出乎儿子意料的事情，你很可能避免了一场权力斗争（权力斗争工具箱）。

你意识到，由于自己推迟了晚餐，可能因此造成了这个问题，你给了他一个速食三明治，让他先垫垫肚子（自我反省工具箱）。

一个小时后，他自觉地拿起铅笔，毫无怨言地完成了作业。

场景#11：家庭作业（13岁）

你13岁的女儿没有上交所有的家庭作业，她也一直在对你撒谎，即使她知道你可以看到老师的在线成绩单。过去，你因为女儿撒谎，不完成作业而惩罚她。你剥夺了她玩电子设备的时间，取消了她的课外活动。你周末时候也不让她出去，告诉她除非补完所有的作业，否则需要待在家里。

你意识到你过去对她作业问题的反应已经破坏了你们的关系，降低了她的自尊，导致她对你撒谎（自我反省工具箱）。你也认识到，孩子不交作业是有自然后果的，这些后果并非不健康、不安全、期限很长或者违反了你定的限制或界限。因此，这是孩子的挑战，你决定在家庭作业问题上，让自然后果顺其自然（孩子挑战工具箱）。

然而，撒谎是父母的挑战，因为其自然后果违反了你的界限，你希望孩子诚实（界限工具箱）。

你怀疑女儿撒谎——甚至她的家庭作业问题——源于你过去几个月里对她情感的压抑。你没有让她表达她的感受，可能改变了她被压抑的情感的发泄目标或对象。你知道作为父母，最大的影响在于你们关系的质量，因此你安排了一对一约会，去滑冰和出去吃饭。尽管你有时候不得不忍住不说，以免阻碍了孩子的情感表达，或提出她希望的建议，但你们俩都玩得很开心（需求工具箱）。你意识到，她想在某些事情上有更多的发言权——包括她穿什么，什么时候做家务，熬夜到什么时候。你承诺将来设置更合理的限制（限制工具箱）。

一天晚上，你提起家庭作业的话题。她说她认为自己不聪明，总是很难按时完成作业。一开始你觉得有必要表扬她（"你很聪明！"），同情她，甚至提供建议，助她摆脱困境，但是你认识到她在经历沮丧的第四层次——表现出无力感。你决定拿出"我能行"的态度，做个好榜样，表现出对她的信心（无力感工具箱）。

你承认自己的错误，告诉女儿，将不再在网上检查她的成绩，她对自己的学业负全责（自我反省工具箱）。你让她知道，如果她需要，你愿意在周一至周五20：00之前的任何时间帮助她完成家庭作业。

你和女儿都对你们改善了的新关系感觉更好。

场景#12：发脾气（3岁）

在与其他父母和孩子玩耍时，一个孩子不愿意和你家3岁的孩子分享玩具，你家孩子就生气了，他像往常一样发脾气。

你把他从一群人中拉出来，你的本能是告诉他，如果他不停下来，就不能继续再玩了。意识到你们两个人都处于生存大脑模式，你停下来，深呼吸，问道："他此时此刻需要什么？"（自我调节工具箱）忽略盯着你们看的其他妈妈或孩子，你想起了发脾气的3个阶段，利用停下、放下和沉默的策略。你靠近孩子，任由他发脾气，但是又避免自己受伤（儿童管理工具箱）。因为3岁的孩子发脾气很正常，你知道不要往心里去（成长阶段与气质工具箱）。

一旦儿子的身体开始稳定，怒气也平息下来，你根据他的身体状况，对他的感受表示认同，"我知道你有多生气，你真的很想玩那个玩具"！接着你停下来，对孩子说，"你感到生气，这很正常！如果能拥有这个玩具，你一定很兴奋"（同理心工具箱）。你耐心地和他坐在一起，既不同情他，也不急于让他感受好一些。当他再次冷静下来，问你能否去玩。"去吧。"你说道。

你知道自己需要解决踢人打人的问题，因为这涉及了你所设定的限制，但是决定暂且搁置。几个小时后，你提出了这个话题。"你刚才生气的时候，想用胳膊打我，想用腿踢我，是不是？"你说。然后你问了一个赋权的问题："打我或者踢我是不行的，所以当你感到悲伤或者生气的时候，你还能做什么呢？"你和儿子集思广益，想出一个清单，然后把它挂在冰箱上。你向他介绍了一个能让他平静下来的地方，那天晚上你们在他桌子底下为他做了一个自我平静区（儿童管理工具箱）。

踢人打人的事情偶尔还会继续发生，但你可以更好地预测他什么时候进入生存大脑区域。当你发现他变得喜怒无常时，你和他处于同一水平上，为他提供感官感受，然后真诚地表达情感认同（同理心工具箱）。有时他会到自我平静区，有时不去。偶尔，当你发现自己在努力避免发脾气时，你会转换方式，简单地接受发脾气（儿童管理工具箱）。

儿子在发脾气后总是能很快恢复正常，现在，因为你知道如何处理，你也能更容易地"恢复"。很快，发脾气的强度和频率都降低了，直到最后完全消失。

尽你所能，直到你更了解。懂得更多，然后做得更好。

——玛雅·安吉罗

结　论

没有一模一样的问题，也没有一模一样的家庭，每天帮你渡过难关的育儿工具也多种多样，但我们希望这些情景能给你一些启发。你可以在不违背长期目标的情况下应对艰难的挑战，可以善良且富有同情心，同时设定限制，并确保孩子遵守这些限制。

这12种情况下达成的每一个解决方案都是切实有效的，同时，也达到了我们的所有3个基准：展示了双赢的合作，强化了亲子关系，并以我们希望在类似情况下得到的应对方式对待孩子。这些不仅仅是一个成功父母的基准，也是成功人士的基准。事实上，这就是我们想留给你们的想法。

这本书基于10个真相，这些真理对解释孩子们的行事方式大有帮助。但真相不只关于孩子，还关于我们所有人。它们也解释了我们的工作方式。通过这种方式，理解这些真理不仅使我们更接近孩子，也使我们更接近自己。尊重这些真理不仅让我们成为更好的父母，也让我们成为更好的人。

以心为本的教育有点像学习外语。对于我们这些在完全不同的环境中长大的人来说，这并不容易。但如果我们坚持下去，尽我们最大的努力，我们就能学会带着口音说英语。

与此同时，如果运气好的话，我们的孩子会说一口流利的英语。我们以心为本的养育方式将让位于他们以心为本的生活方式，甚至有可能最终让位于一个更加以心为本的世界。

附　录

给平凡增添乐趣
（不包括使用电子产品）

以下是一些具体的建议，如何让用餐时间、收拾玩具、坐上汽车座椅、外出就餐、做作业、等待、洗澡时间、刷牙和就寝时间更轻松、更愉快——不包括使用电子产品。

8种让用餐变得有趣的方法

1. 邀请参与。允许和鼓励孩子以任何力所能及的方式帮你。

2. 少吃。吃得太多会让孩子们消化不良。你可以提供小份食物，甚至可以用冰块托盘或松饼罐来增加吃饭的乐趣，或者用自助餐的方式，让孩子自己吃。

3. 邀请假想的朋友。在餐桌上留一把椅子空着，让孩子邀请他假想的朋友——或者一个毛绒动物——加入你们。

4. 让孩子自己选择。让孩子选择晚餐时播放的背景音乐，在派对商店里挑选"主题"餐盘，或者在特殊的晚上选择在家里什么地方吃饭。

5. 让孩子自己做饭。当孩子对你提供的食物不满意时，教他自己做饭。把适合孩子的小容器盛放的牛奶放在冰箱较低的架子上，把水果、切好的蔬菜、酸奶、面包和切好的肉放在稍低一些能够得到的地方。塑料碗、盘子和杯子也要放得低一点，这样孩子就能拿到，自己做饭了。

6. 让餐具成为可选项。小孩子在使用叉子和勺子的时候会很吃力。让他们用手吃，他们很快就会学会用餐具吃饭。

7. 室内野餐。每周一天，坐在家里的毯子上，享受家庭聚餐。坐在毯子上，提供适合野餐的食物，把它变成家庭之夜，一起看电影。

8. 放松点。用餐时间应该是有趣的。不要太关注孩子吃什么和吃多少，更重要的是孩子一周吃什么，而不是一顿饭吃什么。

5种让捡玩具变得有趣的方法

记住，在教授或示范捡玩具这个技能时，要考虑孩子的成长阶段与气质工具箱。把任务分解成小量，试着让它变得有趣。

1. 玩具箱整理法。把孩子的玩具整理到不同的箱子和篮子里。让孩子参与进来，请她来画、剪、写标签或把标签贴在3厘米×5厘米或5厘米×7厘米的小卡片上，标明每个箱子里放的是什么玩具（例如洋娃娃、卡车、积木、化装服）。把卡片贴在箱子上。

2. 音乐清理法。玩音乐不许动游戏，在游戏中你告诉孩子，"当音乐响起的时候，让我们看看你能把多少玩具放回原位。每次音乐停止，你必须原地不动"！你也可以唱一首清理歌（"清理，清理/每个人，每个地方/清理，清理/每个人做自己那份"），或者让孩子选择在清理时播放哪首音乐。

3. 楼梯篮筐法。在有楼梯的房子里，每个家庭成员都有一个小篮子，放在自己的台阶上。白天可以把小的物品放进篮子里，当人们上楼时，把东西带上去。

4. 清理游戏法。问孩子："我们怎样才能让清理变得有趣？"你可以尝试在不同的时间间隔拥抱他；孩子拿起3个玩具，拥抱一次，或者你可以边拍手边做同样的事情，或者边跳边清理。

5. 5件事法。对孩子说："让我们看看你能否把5个红色玩具放回去！"或者"让我们看看你能否把两个娃娃放回去！"或者"让我们看看你能否把一排玩具放回去！"

10种让孩子坐在汽车座椅上变得有趣的方法

1. 装饰汽车座椅。带孩子去购物，让他选择贴纸、固定标记和颜料，让他装饰自己的汽车座椅，把座椅变得特别。

2. 提供有趣的选择。问孩子："你想跨到你的汽车座位上还是跳到汽车座位上？""你想在去汽车座位的过程中鼓掌还是唱歌？"

3. 指定安全带老板。告诉孩子，他就是安全带老板，负责确保每个人都坐在座位上，并系好安全带。当每个人都准备好要离开时，他会给你一个特别的信号，比如竖起大拇指。

4. 头脑风暴。问孩子："我们怎样才能让自己坐到汽车座椅上变得更有趣？"然后一起列出一些想法，让孩子选择一些去尝试。

5. 使用音乐。让孩子选择在车内播放的电台或CD。

6. 制作一个购物袋。准备一个装满书、蜡笔、纸和一些特别玩具的袋子、篮子或箱子，供开车时使用。

7. 让孩子成为榜样。让孩子带上他最喜欢的玩偶或毛绒玩具，让孩子先系上安全带。

8. 带上零食。开车时带上健康的、不脏乱的零食。

9. 授权。让孩子扣上安全带，只需确保检查约束装置是否牢固。

10. 玩模拟游戏。把汽车和汽车座椅称为宇宙飞船、火箭船、蝙蝠车、海盗船等。

6种让外出就餐变得有趣的方法

1. 提前计划。选择一家欢迎孩子的家庭友好型餐厅，选择一个不影响孩子午睡或睡觉的时间，在非高峰时间到达或提前预订，避免拥挤和长时间等待。

2. 带上玩具和书籍。带一个装满书、玩具、扑克牌、纸、蜡笔和小零食的袋子，让孩子有事可做。

3. 散步。在大厅或停车场带着不安分的孩子散步。

4. 坐在窗边。望着窗外，聊聊外面发生的事情，可能会让孩子在等饭的时候忙碌起来。

5. 让孩子向服务员点菜。不要说："大声点儿！"如果需要的话，让服务员叫你的孩子大声点。

6. 提前做饭。在出门之前给孩子准备好饭菜。然后让孩子在餐厅点一份甜点。

3种让家庭作业变得有趣的方法

家庭作业是孩子的责任，给他从错误中学习的机会。例如，如果他忘记把作业带到学校，就让他和老师一起解决。在小学里从这些错误中学习比在高中或大学里学习更有益。

让他选择在哪里做作业

- 在桌子下面做

- 在床上做

- 在秋千上做

- 在蹦床上做

- 在壁橱里做

让拼写和数学练习变得更有趣

- 用手指在空中书写字母和数字

- 做一个可以写字的盛盐的锅子

- 用培乐多彩泥来做数字和字母

- 在车道上用粉笔写

和孩子进行头脑风暴

问他："你怎样才能让自己的家庭作业变得有趣？"

6种让等待变得有趣的方法

1. "喊茄子。"带上相机或用手机拍一些傻乎乎的照片。

2. 找找看。在候诊室里，拿几本杂志说："谁能找到一朵花？"第一个在杂志上看到花的人可以提出下一个要找的对象。

3. 字母游戏。浏览字母表，试着给以该字母开头的某一类别的东西命名。例如，动物可以是一个类别，你可以从食蚁兽开始。

4. "然后呢？"开始讲故事，在一个意想不到的地方停下来。让孩子继续讲故事，然后停下来让你接手。继续，直到你们中的一个人结束故事。

5. 纸牌游戏。在钱包里或车里放一副小卡片，永远准备好玩游戏。

6. "猜猜我画的是什么。"在孩子背上写上字母、数字、单词或图画，看他是否能猜出你在画什么。

6种让洗澡变得有趣的方法

1. 把孩子的小沙滩椅放在浴缸里。

2. 加入彩色浴弹来改变水的颜色。

3. 允许孩子在浴缸里刷牙。

4. 邀请孩子在浴缸里吃甜点（冰棒）。

5. 把玩具和厨房小物件放在浴缸里，如塑料书、塑料杯、可洗油漆、漏斗和过滤器。

6. 把睡衣或毛巾放进烘干机里加热几分钟，鼓励孩子离开浴缸。

8种让刷牙变得有趣的方法

1. 选择一支有趣的牙刷。

2. 选择口味不同的牙膏。

3. 给孩子一个特别的杯子来漱口。

4. 一起刷牙。

5. 互相刷牙。

6. 让孩子选择在哪里刷牙——在浴缸里，在淋浴时，在厨房的水槽里，甚至是就着花园软管来刷牙。

7. 编一首关于刷牙的歌。

8. 把孩子的牙刷藏在浴室里，让他去找。

25种让睡觉变得有趣的方法

1. 以一种有趣的方式送孩子去睡觉。例如，你可以说："开往睡眠镇的火车要开车啦！"驮着孩子到床上去。

2. 读几本书。为每个角色使用不同的声音。

3. 唱首歌。在歌曲中使用孩子的名字。

4. 讲一个有趣的真实的故事。

5. 讲一个有趣的虚构的故事。

6. 玩"猜猜这是谁"的游戏。让孩子趴着，把一个毛绒玩具放在他的背上。推一下，让他感觉一下，让他猜一下是什么动物，轮流这样做。

7. 问问孩子他的梦想是什么。

8. 带一个特别的访客——宠物——来道晚安。

9. 根据记忆或一本笑话书讲笑话。

10. 让孩子说出他最喜欢的或者今天发生在他身上最愚蠢的事情。

11. 讲述一个来自不同文化的节日故事。例如，春节、圣诞节（基督教）、排灯节（印度教）。

12. 一起伸展或冥想。

13. 一起听有声读物或大自然的声音。

14. 谈谈你想去哪里度假或下一次一对一约会。

15. 一起秘密握手。

16. 用床单和毯子在房子里建一个堡垒，你的孩子可以在里面睡觉（无论你在还是不在）。

17. 分享一下你小时候晚上害怕的经历。

18. 讲一个你在新闻中读到的"科学故事"，一定要用孩子能理解的话来表达。

19. 如果你要出差，录制自己读书的音频，晚上给孩子听。

20. 问问自己："这周有什么烦心事吗？"带着同理心倾听，不要试图改变现状。

21. 向你认为需要帮助的人表达积极的愿望和想法，或者祈祷。

22. 一起在床上翻看全家福相册。

23. 倾听孩子的沉默，问问他听到了什么。

24. 每周指定一个晚上（或几个晚上）让孩子睡在你的床上。

25. 用独特的方式告诉孩子你爱他。例如，伸出你的双臂说："我非常爱你。"或者说："我爱你，直到银河的边缘，然后回来。"